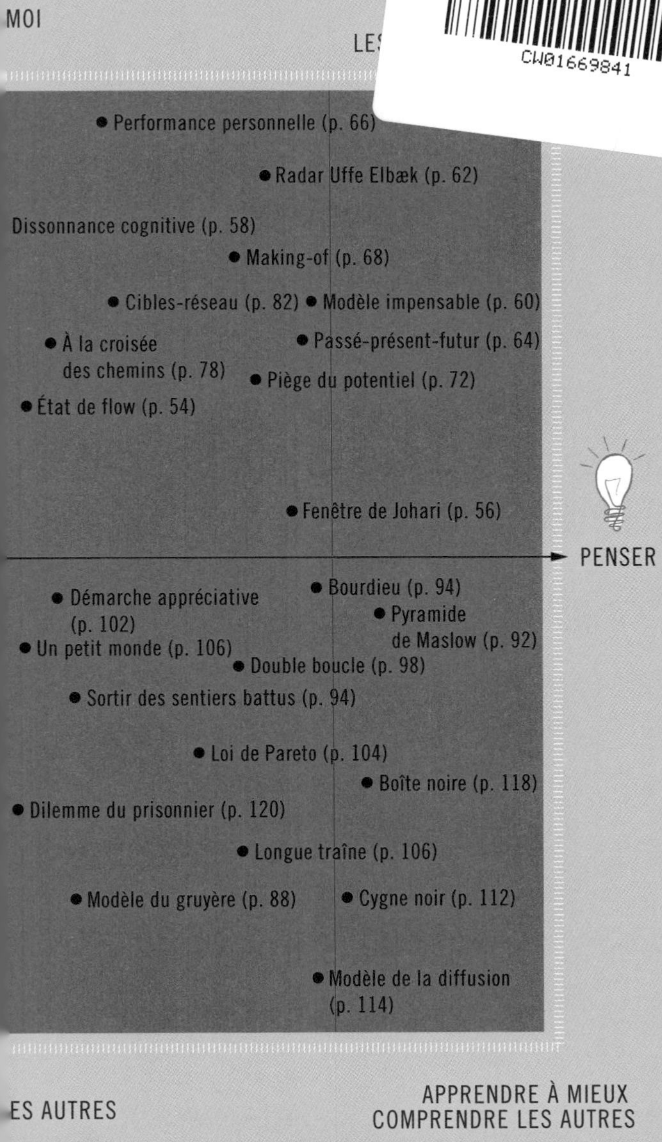
MOI
LES
Performance personnelle (p. 66)
Radar Uffe Elbæk (p. 62)
Dissonnance cognitive (p. 58)
Making-of (p. 68)
Cibles-réseau (p. 82)
Modèle impensable (p. 60)
À la croisée des chemins (p. 78)
Passé-présent-futur (p. 64)
Piège du potentiel (p. 72)
État de flow (p. 54)
Fenêtre de Johari (p. 56)
PENSER
Bourdieu (p. 94)
Démarche appréciative (p. 102)
Pyramide de Maslow (p. 92)
Un petit monde (p. 106)
Double boucle (p. 98)
Sortir des sentiers battus (p. 94)
Loi de Pareto (p. 104)
Boîte noire (p. 118)
Dilemme du prisonnier (p. 120)
Longue traîne (p. 106)
Modèle du gruyère (p. 88)
Cygne noir (p. 112)
Modèle de la diffusion (p. 114)
ES AUTRES
APPRENDRE À MIEUX COMPRENDRE LES AUTRES

Suivez toute l'actualité des éditions Alisio sur le blog :

www.alisio.fr

Rendez-vous également sur le site des éditions Leduc.s. Vous pourrez lire des extraits de tous nos livres, recevoir notre lettre d'information et acheter directement les livres qui vous intéressent, en papier et en numérique !

À bientôt sur **www.editionsleduc.com**

Traduit de l'allemand par : Amélie de Maupeou
Adaptation française : Mathieu Jehanno

Titre de l'édition originale : *50 Erfolgsmodelle*

Illustrations : Philip Earnhart
Maquette : Facompo

29, boulevard Raspail 75007 Paris – France
ISBN : 979-10-92928-78-5

MIKAEL KROGERUS   ROMAN TSCHÄPPELER

LE LIVRE DES DÉCISIONS

ALISIO

SOMMAIRE

MODE D'EMPLOI DE CE LIVRE

POURQUOI NOUS AVONS ÉCRIT CET OUVRAGE

Il y a neuf ans, nous avons fait un constat important : prendre une décision nous semblait insurmontable. Pas seulement les grandes décisions qui changent le cours d'une vie, mais aussi celles du quotidien : poser tel ou tel produit dans son caddie, opter pour telle ou telle musique. Cette difficulté s'exprimait autant sur notre lieu de travail que dans un bistrot.

Forts de ce constat, nous nous sommes mis en quête de méthodes pour nous aider à structurer, classer, évaluer - bref, décider.

L'ouvrage que vous tenez entre vos mains est le résultat de cette quête. Nous l'avions d'abord rédigé pour nous-mêmes. Nous pensions qu'une impression à 500 exemplaires suffirait amplement.

L'ouvrage a été traduit en 20 langues et vendu 1 million de fois. Manifestement, nous n'étions pas les seuls à rencontrer des difficultés.

Au fil des années, nos lecteurs nous ont signalé l'apparition de modèles plus récents (et aussi quelques erreurs, qui s'étaient glissées dans l'ouvrage) ; nous avons donc décidé de revoir *Le Livre des décisions* et de l'augmenter de nouvelles théories sur le choix et la décision.

POURQUOI IL EST JUDICIEUX DE LIRE CET OUVRAGE

Ce livre a été conçu pour tous ceux qui sont régulièrement en contact avec des humains. Peu importe qu'ils soient maître d'école, maître de conférences à l'université, pilote ou PDG : tous sont confrontés aux mêmes questions. Comment prendre la bonne décision ? Comment me motiver et motiver mon équipe ? Comment changer certaines choses ? Comment travailler de manière plus efficace ?

CE QUE VOUS TROUVEREZ DANS CET OUVRAGE

Les 50 meilleurs modèles – connus ou moins connus – qui vous aideront à répondre au mieux à ces questions. N'attendez rien d'exhaustif, mais préparez-vous à être bluffé et à trouver des sujets de réflexion.

COMMENT VOUS SERVIR DE CET OUVRAGE

Ce livre est un manuel de travail. Vous pouvez recopier les modèles, les remplir, les barrer ou les développer. Peu importe que vous deviez mener une conférence ou un entretien annuel, qu'une décision importante vous incombe ou que vous sortiez d'une grosse dispute – vous tenez votre mode d'emploi entre les mains. Quant à la réponse aux questions que vous vous posez : elle est en vous.

QU'EST-CE QU'UN MODÈLE ?

1. **Les modèles aident à simplifier.** Ils n'appréhendent pas tous les éléments de la réalité mais se concentrent sur ceux qui sont importants.
2. **Ils récapitulent.** Ce sont des résumés de processus plus complexes.
3. **Ils sont visuels.** Ils traduisent en images ce qu'il est difficile d'expliquer avec des mots.
4. **Ce sont des méthodes.** Ils ne donnent pas de réponses mais posent des questions. Ce n'est qu'au moment où le lecteur applique le modèle, c'est-à-dire quand il le remplit et travaille avec celui-ci, que les réponses apparaissent.

POURQUOI A-T-ON BESOIN DE MODÈLES ?

Quand notre pensée se trouve confrontée au chaos, nous développons des systèmes nous aidant à structurer ce chaos pour le comprendre ou tout au moins nous en faire une idée d'ensemble. Les modèles nous aident à réduire la complexité des choses en en masquant la plus grande partie pour nous concentrer sur l'essentiel. Les critiques pointent du doigt le fait que les modèles ne retranscrivent pas la réalité. C'est vrai. Il est faux cependant d'affirmer que les modèles conduisent à un raisonnement standardisé. Les modèles ne constituent en rien un mode de pensée à suivre. Ils sont la conséquence d'un raisonnement actif.

Vous pouvez lire cet ouvrage à la manière américaine ou à la manière européenne. Les Américains tendent davantage vers un comportement dit « d'essai/erreur » : ils font quelque chose, échouent, en tirent une leçon, se forgent des théories et tentent à nouveau leur chance. Si cette attitude vous correspond, commencez votre lecture par le chapitre « Comment m'améliorer ». Les Européens, quant à eux, tendent plutôt à lire la théorie avant d'agir. S'ils échouent, ils analysent la situation, tentent d'en corriger les erreurs et renouvellent leur tentative. Le lecteur qui s'identifie davantage à cette description a tout intérêt à commencer par le chapitre « Comment mieux me comprendre ».

Chaque modèle est aussi précis ou imprécis que l'est son lecteur.

COMMENT M'AMÉLIORER

LA MATRICE D'EISENHOWER

COMMENT APPRENDRE À TRAVAILLER DE MANIÈRE PLUS EFFICACE

L'ancien président des États-Unis Dwight D. Eisenhower aurait affirmé que « les choses urgentes sont rarement importantes, et les choses importantes sont rarement urgentes ». Cet homme passait pour un maître dans la bonne gestion de son temps, plus précisément pour sa capacité à faire ce qu'il fallait au bon moment. Grâce à la méthode d'Eisenhower, vous apprendrez à différencier ce qui est important de ce qui est urgent. Peu importe la tâche qui échoue sur votre bureau : commencez par la classer selon la matrice d'Eisenhower et décidez ensuite du meilleur moment pour effectuer telle ou telle tâche. Il n'est pas rare que nous nous concentrions trop sur le champ « urgent et important », c'est-à-dire sur les choses qui doivent être effectuées immédiatement. Posez-vous la question suivante : quand vais-je faire les choses qui sont importantes, mais non urgentes ? Quand vais-je trouver le temps d'accomplir des tâches importantes avant qu'elles ne deviennent urgentes ? C'est dans ce champ que doivent être inscrites les décisions stratégiques à long terme.

Une autre méthode permettant d'organiser son temps de manière optimale a été attribuée au multimilliardaire Warren Buffett : rédigez une liste de tout ce que vous voulez faire aujourd'hui. Commencez par la tâche qui se trouve en haut de la liste et ne passez à la tâche suivante qu'une fois que vous l'aurez terminée. Rayez les tâches que vous avez accomplies.

Mieux vaut tard que jamais, mais jamais en retard c'est mieux.

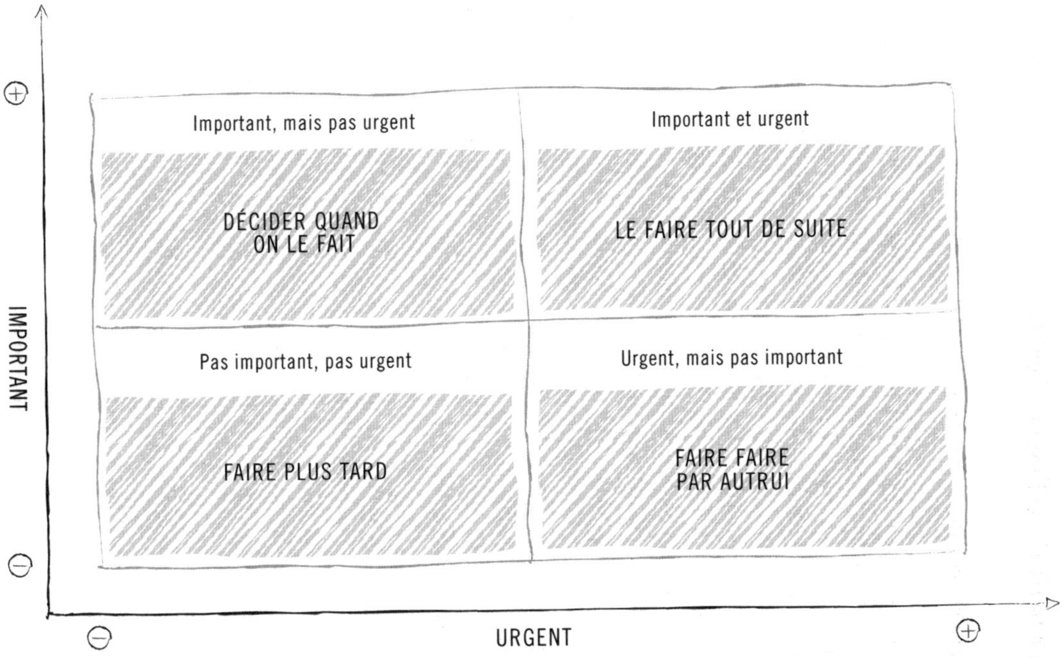

Inscrivez dans ce tableau les tâches qui vous incombent en ce moment.

L'ANALYSE SWOT

COMMENT TROUVER LA MEILLEURE SOLUTION

Grâce à l'analyse SWOT, on peut identifier les Forces (*Strenghts*), les Faiblesses (*Weaknesses*), les Opportunités (*Opportunities*) et les Menaces (*Threats*) d'un projet. Ce modèle se base sur une étude réalisée par l'université de Stanford dans les années 1960, au cours de laquelle ont été analysées les entreprises les plus prospères des États-Unis. Le résultat : 35 % des objectifs fixés dans ces entreprises n'étaient pas réalisés. Il s'est vite avéré que leur problème ne résidait pas tant dans les compétences des employés que dans la façon dont étaient définis ces objectifs. La majorité d'entre eux ne savaient même pas pourquoi ils faisaient ce qu'ils faisaient.

C'est en réponse à cette étude que les scientifiques ont développé l'analyse SWOT. Ils espéraient ainsi améliorer la compréhension que les différents acteurs d'un projet avaient de leurs objectifs.

Au moment d'appliquer l'analyse SWOT, il est important de ne pas se contenter d'en remplir les cases mais de la remettre en question : comment mettre l'accent sur les forces et compenser (ou cacher) les faiblesses ? Comment exploiter plus efficacement les opportunités ? Comment se protéger de dangers potentiels ?

Ce qui est intéressant dans cette analyse, c'est sa polyvalence : elle est applicable dans la vie professionnelle comme dans la vie privée.

Si vous n'échouez jamais, c'est que vous ne tentez jamais rien.

Gretchen Rubin

Réfléchissez à un projet important que vous avez eu dans votre vie. Réfléchissez à la manière dont vous auriez alors rempli une analyse SWOT. Comparez avec ce que vous feriez aujourd'hui.

LA MATRICE BCG

COMMENT ÉVALUER LE RAPPORT ENTRE LES COÛTS ET LE BÉNÉFICE ATTENDU

Dans les années 1970, le cabinet de conseil en management Boston Consulting Group a développé une méthode permettant de vérifier l'intérêt de réaliser des investissements dans différentes activités d'une entreprise. La matrice à quatre blocs permet de révéler l'existence de quatre « types » différents :

- **Les vaches à lait :** ces « poules aux œufs d'or » ont une grosse part de marché et ne croissent presque plus. Ce qui revient à dire qu'elles ne coûtent pas grand-chose et qu'elles rapportent beaucoup. Verdict des consultants : traire, c'est-à-dire en tirer bénéfice sans investir plus.
- **Les vedettes :** grosse part de marché, forte croissance, un peu « les enfants désirés ». Cependant, leur croissance engloutit de l'argent. On espère que les « enfants désirés » deviennent un jour des **vaches à lait**. Verdict des consultants : investir.
- **Les dilemmes :** ces « enfants à problèmes » ont un potentiel de croissance élevé mais une petite part de marché. Moyennant un soutien (financier) important et de bons arguments, il est possible d'en faire des vedettes. Verdict des consultants : décision difficile à prendre.
- **Les poids morts :** les activités occupant une petite part d'un marché saturé. On ne devrait garder ces « poids morts » que si l'on y trouve un avantage autre que financier (des projets bénéfiques pour l'image de l'entreprise ou alors des services d'amis). Verdict des consultants : liquider.

Tout milliardaire a fait ses débuts comme n'importe quel autre millionnaire.

Jerry Lewis

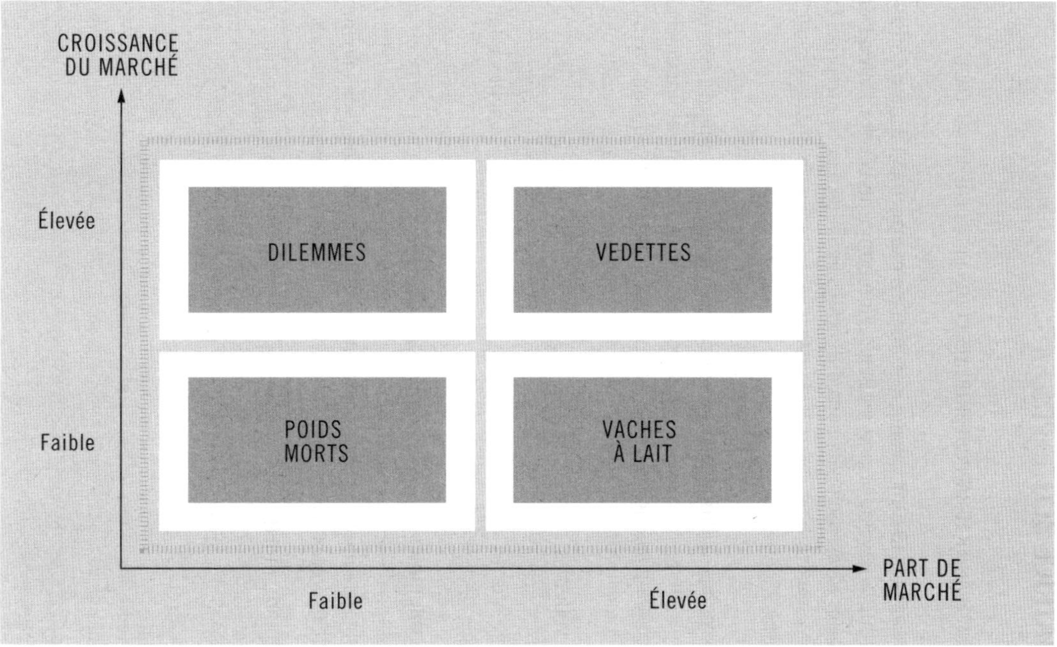

Classez vos produits financiers, vos investissements ou vos projets dans ce modèle. Les axes indiquent le potentiel de croissance et la part de marché.

LE PORTEFEUILLE DE PROJETS

COMMENT GARDER UNE VUE D'ENSEMBLE

Vous travaillez simultanément sur différents projets ? L'auteure new-yorkaise Marci Alboher appelle « slasher » (/) cette nouvelle catégorie d'actifs qui mènent de front plusieurs vies professionnelles. Il leur est impossible de répondre en une phrase à la question : « Et qu'est-ce que vous faites professionnellement ? »

Supposons que vous êtes professeur/musicien/graphiste. Cette diversité est tentante, mais comment bien prioriser tous ces projets ? Et comment vous assurer des revenus réguliers ?

Afin de garder une vision d'ensemble, vous pouvez vous aider de la matrice du portefeuille de projets pour mettre de l'ordre dans vos projets actuels, qu'ils soient professionnels ou privés. Classez vos projets en cours selon les facteurs coûts et temps (voir la matrice, p. 20-21). Un conseil : en ce qui concerne les coûts, ne pensez pas qu'à l'argent mais également à des ressources telles que les amis impliqués, l'énergie, la charge psychologique, etc.

Les facteurs temps et coûts ne figurent qu'à titre d'exemple, vous pouvez attribuer d'autres valeurs aux axes. Ainsi, un axe pourrait s'intituler : « Comment ce projet m'aide à atteindre mon objectif global », et le second axe pourrait correspondre à « Ce que j'apprends via ce projet ». Répartissez maintenant vos projets dans la matrice en fonction des deux axes « Avancement » et « Apprentissage ».

Vous pouvez lire le résultat de la manière suivante :

a) Les projets qui ne vous apprennent rien et ne correspondent pas à votre objectif global : à éviter.

b) Les projets impliquant un apprentissage important mais qui n'entretiennent qu'un lien relativement éloigné avec votre objectif global. Ils sont intéressants mais ne vous rapprochent pas de votre but : essayez de les modifier afin qu'ils servent davantage votre objectif global.

c) Les projets qui correspondent à votre objectif global mais ne vous apportent pas grand-chose de nouveau : cherchez quelqu'un qui puisse s'en charger à votre place.

d) Vous avez des projets dont la part d'apprentissage et l'objectif à atteindre sont satisfaisants ? Félicitations !

Veillez à clore proprement vos projets, qu'ils soient couronnés de succès ou non.

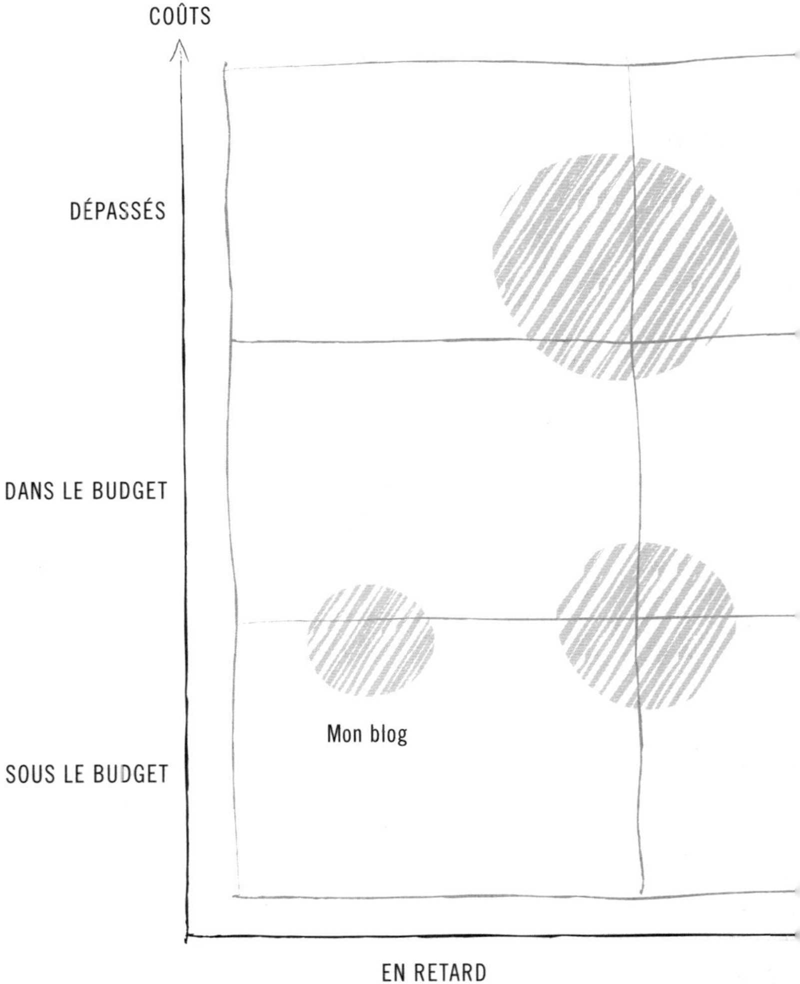

Classez vos projets actuels dans cette matrice : où en êtes-vous du point de vue du budget et des délais ? La taille des ronds indique l'importance du projet.

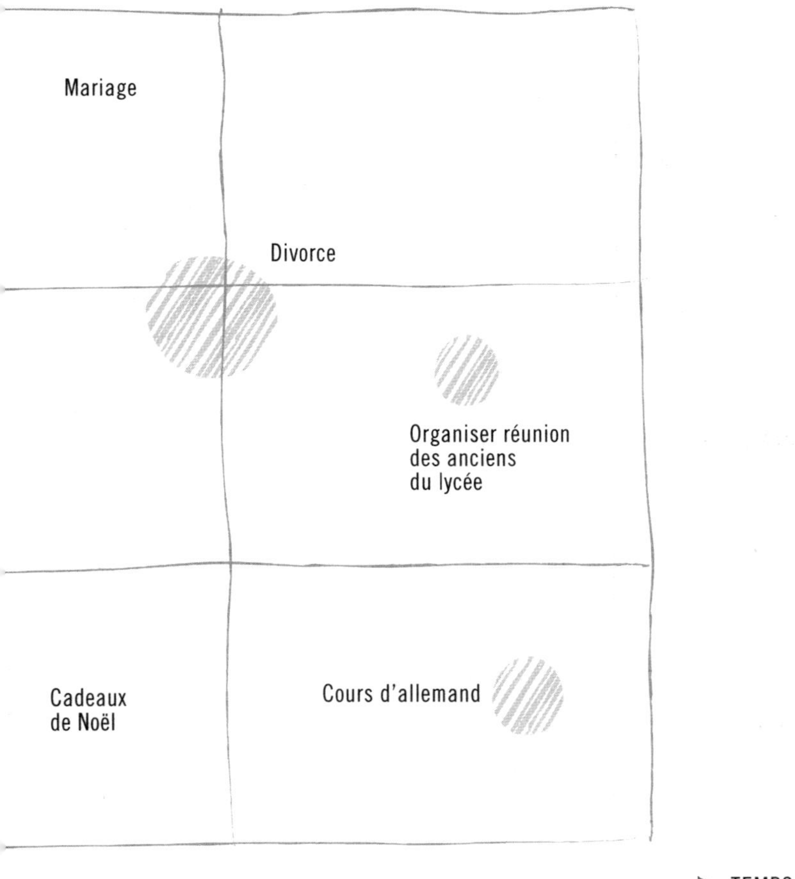
Mariage
Divorce
Organiser réunion des anciens du lycée
Cadeaux de Noël
Cours d'allemand
TEMPS
À TEMPS
EN AVANCE

L'ANALYSE DES RETOURS

APPRENDRE À ÉVALUER SON PROPRE TRAVAIL

Question : quelle est votre qualité principale ? La plupart des gens croient le savoir, mais c'est un leurre. Voilà tout au moins ce qu'avance Peter F. Drucker, l'un des théoriciens du management les plus importants de notre époque. Il propose également une méthode aussi simple que géniale pour apprendre à mieux se connaître :

Avant chaque décision importante, notez sur un papier le résultat que vous escomptez. Un an plus tard, comparez vos attentes avec le résultat obtenu.

En comparant systématiquement ses attentes et le résultat de ses actes, Peter F. Drucker s'est offert un outil infaillible pour analyser son propre travail. Au fil du temps, il a su distinguer les domaines où il savait anticiper ses résultats de manière réaliste de ceux où il se trompait plus fréquemment. Autrement dit : il est parvenu à distinguer ses forces de ses faiblesses.

Cela vous semble peu concluant ? Figurez-vous que les prêtres calvinistes et jésuites ont appliqué cette méthode dès le milieu du XVIIe siècle – or, certains historiens s'accordent à dire que le rayonnement considérable de ces deux ordres repose en partie sur leur capacité à évaluer leurs forces et leurs faiblesses.

Pour mieux se connaître, un individu doit avant tout connaître ses forces.

Peter F. Drucker

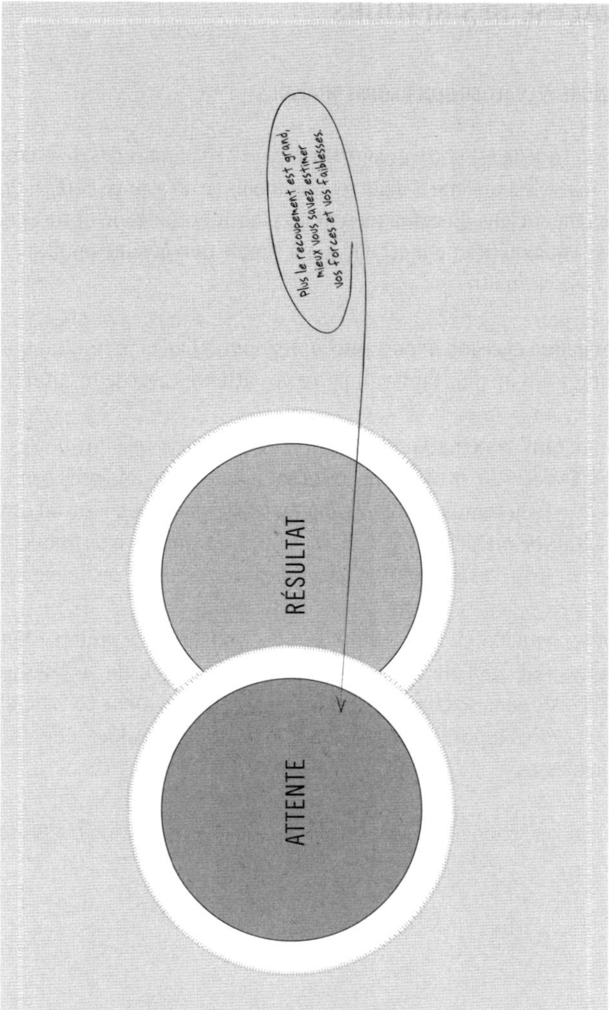
Plus le recoupement est grand,
mieux vous savez estimer
vos forces et vos faiblesses.
RÉSULTAT
ATTENTE

LE MODÈLE SMART

COMMENT VÉRIFIER SI ON POURSUIT LE BON OBJECTIF

Quand vous vous fixez des objectifs, différenciez l'objectif final et les objectifs de performance. Un objectif final est un souhait, par exemple : « J'aimerais participer à un marathon. » Un objectif de performance est le chemin qui y mène, par exemple : « Je voudrais courir trente minutes chaque matin. »

Inscrivez votre objectif final sur une feuille de papier et vérifiez point par point s'il correspond aux 14 exigences du modèle.

Quelques remarques supplémentaires : si votre objectif n'est pas atteignable, il ne sert à rien d'espérer ; s'il ne représente aucun défi pour vous, il ne vous motivera pas. Si cela vous semble trop fastidieux de satisfaire aux 14 exigences, veillez tout au moins à observer cette règle d'or quand vous formulerez votre objectif :

Pourquoi compliquer quand on peut faire simple ?

Pour la plupart d'entre nous, le danger n'est pas de viser trop haut et de rater la cible, mais de viser trop bas et de l'atteindre.
Michel-Ange

→ Voir aussi « L'état de flow » (p. 54).

S	SPÉCIFIQUE	LE BON OBJECTIF		C	COMPRÉHENSIBLE
M	MESURABLE	P	POSITIF	L	LÉGAL
A	ATTEIGNABLE	U	ENTENDU (compris)	E	ÉCRIT
R	RÉALISTE	R	PERTINENT	A	APPROPRIÉ
T	TEMPOREL	E	ÉTHIQUE	R	RECONNU

Lorsque vous avez défini un objectif, utilisez ce modèle pour vérifier sa pertinence.

LE MODÈLE DE L'ÉLASTIQUE

QUE FAIRE FACE À UN DILEMME ?

Un ami/collègue/client veut prendre une décision qui pourrait transformer son avenir à long terme : changer d'emploi, déménager dans une autre ville, prendre sa retraite anticipée. Les arguments pour et contre semblent s'équilibrer. Comment l'aider à sortir de ce dilemme ?

Recopiez ce modèle de l'élastique et demandez à la personne concernée de se poser la question suivante : qu'est-ce qui me retient ? Qu'est-ce qui m'attire ?

À première vue, cette méthode ressemble à une simple variante de l'évaluation basique : quels sont les « pour », quels sont les « contre » ?

La différence : les questions « Qu'est-ce qui me retient/qu'est-ce qui m'attire » sont formulées de manière positive et correspondent ainsi à une situation partant du postulat que les deux propositions sont attrayantes.

Nous nous sentons en paix après chaque décision prise, même si elle est mauvaise.

Rita Mae Brown

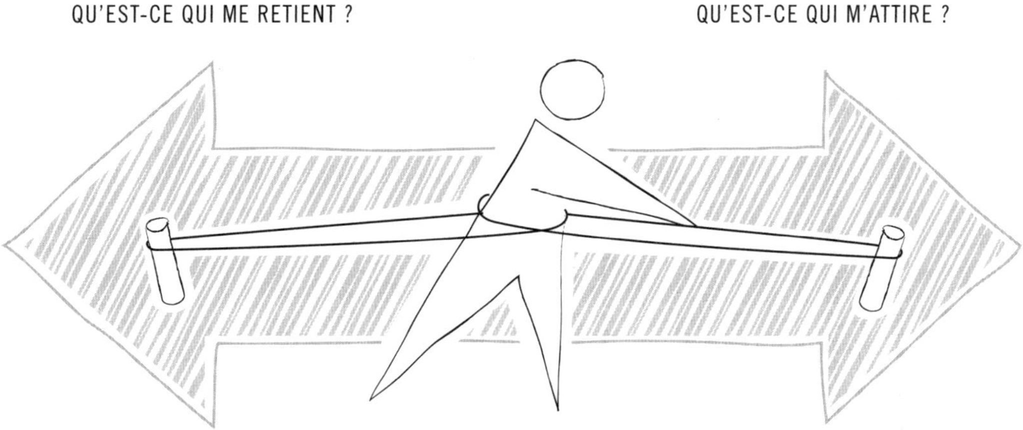

Quand vous devez choisir entre deux options aussi tentantes l'une que l'autre, posez-vous les questions suivantes : qu'est-ce qui me retient ? Qu'est-ce qui m'attire ?

LE MODÈLE DE LA CRITIQUE

APPRENDRE À ENTENDRE LES COMPLIMENTS ET LES CRITIQUES

Le *feedback* (la critique) est l'un des processus les plus sensibles au sein d'un groupe. La franchise peut blesser mais les faux compliments n'arrangent pas les choses. Il n'est pas rare que des compliments nous mettent à l'aise ou même qu'ils nous galvanisent, tandis que les critiques entament notre confiance et même nous poussent à de mauvaises décisions.

Dans ce contexte, la simple question « Qu'est-ce qui t'a plu/qu'est-ce qui ne t'a pas plu ? » n'est pas d'une grande aide. L'interrogation suivante est beaucoup plus intéressante du point de vue de l'apprentissage : « Comment réagir à cette critique ? » Et surtout : « Qu'est-ce qui peut rester en l'état ? Qu'est-ce qui devrait être changé, même si cela fonctionnait jusqu'à ce jour ? »

En effet, il ne s'agit pas seulement de constater ce qui n'a pas marché, mais aussi de comprendre, le cas échéant, comment réagir. Ce modèle vous aide à classer les critiques de manière à en tirer des plans d'action.

Vous devriez par ailleurs vous demander en toute honnêteté : quel succès ou quel échec était dû au hasard ? Est-ce que j'ai gagné la partie parce que le ballon a trouvé tout seul le chemin du but ? Autrement dit : est-ce que j'ai vraiment mérité ce compliment ?

Surveille tes pensées, car elles deviennent tes mots.
Surveille tes mots, car ils deviennent tes actions.
Surveille tes actions, car elles deviennent tes habitudes.
Surveille tes habitudes, car elles deviennent ton caractère.
Surveille ton caractère, car il devient ton destin.

Extrait du Talmud

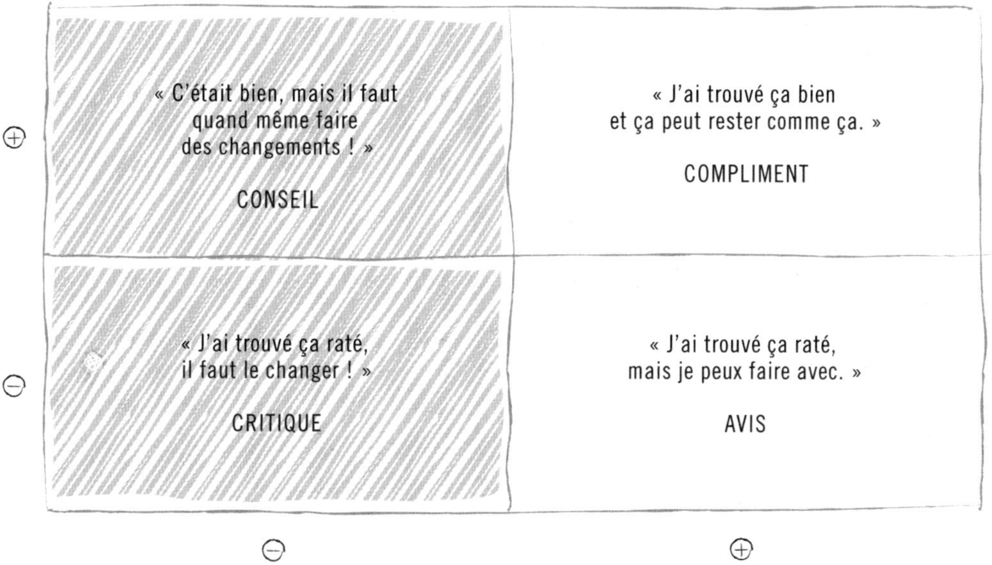

Classez les critiques que vous avez reçues dans ce modèle : quel conseil voulez-vous suivre ? Quelle critique vous semble constructive ? Quels avis pouvez-vous ignorer ?

LA RÈGLE OUI/NON

COMMENT PRENDRE RAPIDEMENT UNE DÉCISION

La règle du oui et du non est une bonne méthode pour agir rapidement, particulièrement utile quand on doit évaluer des risques dans un délai très bref. Un exemple : en partant d'un problème (est-ce que cette personne est malade ?), le médecin procède par élimination (a-t-elle de la fièvre, est-ce que son métabolisme est stable ? etc.) pour arriver à un diagnostic.

La règle du oui/non implique des paramètres univoques, ce qui présente certains avantages, non seulement en médecine, mais aussi dans le management, la vie privée ou la politique. En 2013, l'ancien président des États-Unis Barack Obama instaura trois règles du oui/non pour trancher sur la question des attaques de drones :

1. Est-ce que la situation en cause représente une menace permanente et imminente pour le peuple américain ?
2. Les États-Unis sont-ils le seul pays à pouvoir réagir de manière adéquate à cette menace ?
3. Le risque de nuire à la population civile est-il quasi nul ?

Si, et seulement s'il était possible de répondre par la positive à ces trois questions, le feu vert était donné.

Oui et non, voilà les deux mots qui exigent le plus de réflexion.

Pythagore

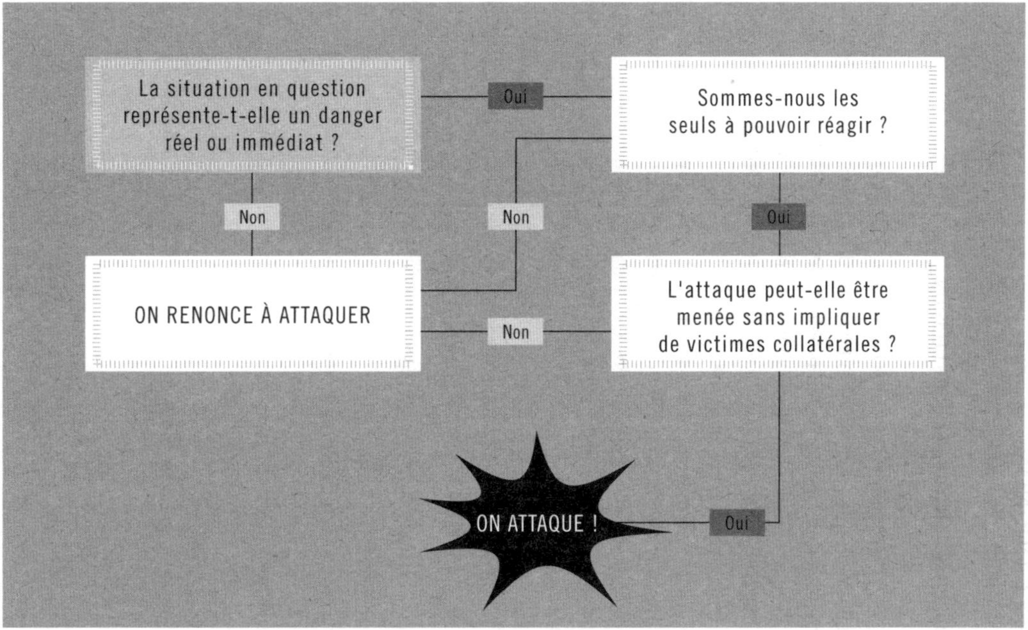

Grâce à ce schéma, l'ancien président des États-Unis, Barack Obama, put se décider en faveur ou non d'une attaque par drones.

LE PARADOXE DE LA CONFITURE

POURQUOI IL VAUT MIEUX LIMITER SES CHOIX

On pourrait être naturellement tenté de croire que le plus engendre le mieux : plus les options à considérer sont nombreuses, plus notre décision sera fondée. Plus il y a de choix, plus nous seront satisfaits. Pourtant, c'est parfois le contraire : plus le choix est grand, plus nos attentes grandissent et plus il y a de risque de se tromper. Voilà un paradoxe que l'Américaine Sheena Iyengar a su démontrer au cours d'une expérience légendaire :

Dans un supermarché, elle organisa une dégustation de confitures : le premier jour, 6 variétés de confiture différentes étaient proposées. Le lendemain, c'étaient 24 pots de confiture différents qui étaient présentés. Face au choix restreint, 40 % de la clientèle a goûté les confitures, et 30 % est repartie avec un pot. Le choix élargi, quant à lui, a attiré 60 % de la clientèle, dont 2 % seulement est repartie avec un pot de confiture. Résultat : le choix fascine, certes, mais il entraîne une confusion.

Comment résoudre ce paradoxe dans la vie quotidienne ? Le professeur de psychologie Barry Schwartz recommande l'attitude suivante : restreignez vos choix. Au restaurant, optez pour le premier plat qui vous attire et reposez aussitôt le menu. Plus vous emplirez votre cerveau d'options, plus vous serez insatisfait.

La profusion engendre la confusion.

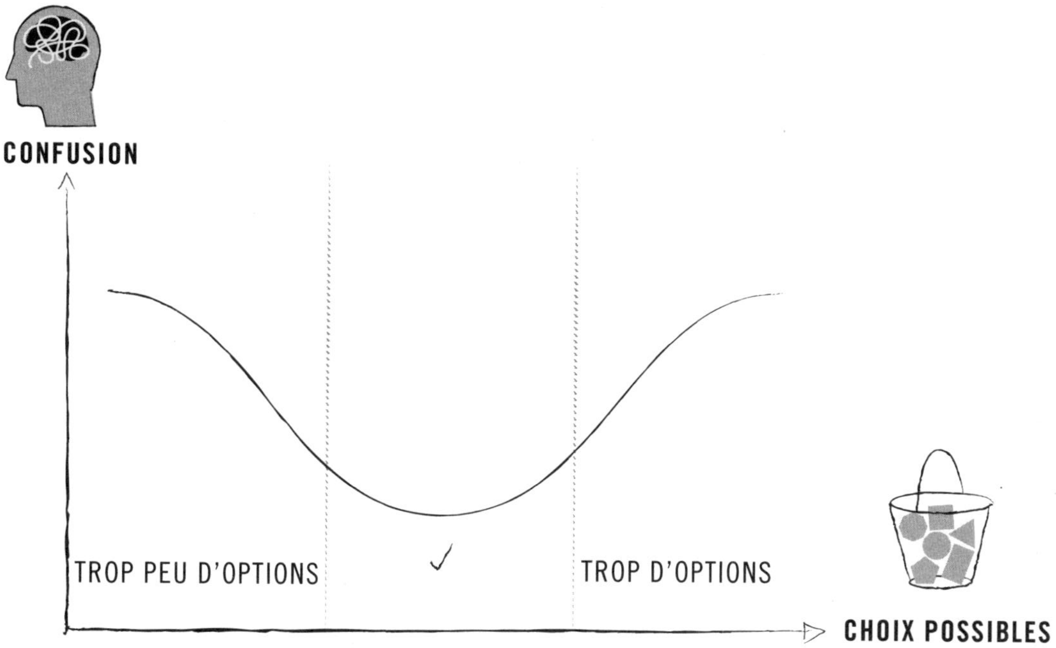

On est insatisfait quand il n'y a pas assez d'options. On l'est aussi quand il y en a trop.

LE MODÈLE DE LA NICHE

COMMENT SAVOIR SUR QUOI IL FAUT MISER

Toute entreprise tente de trouver un positionnement et de l'occuper. Mais comment met-on toutes les chances de son côté ? Pour vous aider, le modèle de la niche vous propose une représentation spatiale simplifiée du marché. Tracez les trois axes qui définissent la croissance de votre marché, de votre clientèle ou de vos produits futurs.

En admettant que vous souhaitiez ouvrir un café :

- L'axe X : l'emplacement (est-ce que l'établissement est bien fréquenté ?)
- L'axe Y : le prix (dans quelle catégorie de prix se place le café ?)
- L'axe Z : la popularité (ce produit est-il apprécié ?)

Vous ne devriez placer votre produit à des endroits où se trouvent un grand nombre de concurrents qu'à la condition *sine qua non* qu'il possède un potentiel de réel leader dans sa catégorie. (Par exemple, en élevant la consommation du café d'un rituel banal à un événement tendance, Starbucks est devenu leader dans sa catégorie, auquel se mesurent tous les concurrents.) Cherchez de préférence la niche, c'est-à-dire l'espace resté libre que personne n'a encore remarqué.

Attention ! Si cet espace est vacant, cela vaut la peine de vérifier au préalable si la demande existe !

Le positionnement sur un marché, c'est comme le forage pétrolier. Presque n'est pas suffisant.

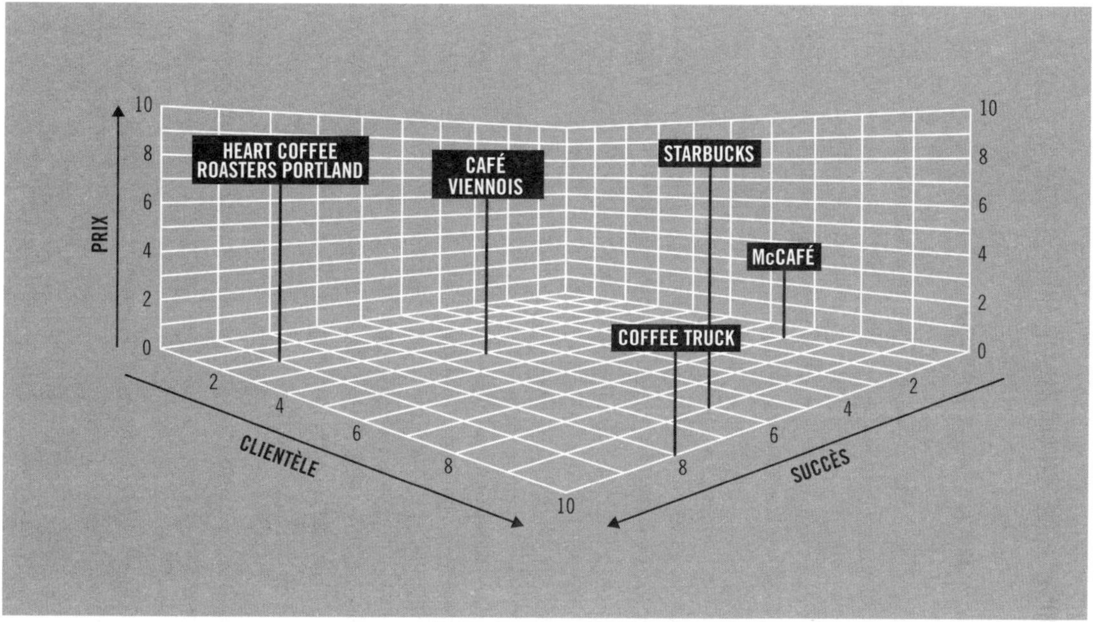

Ce modèle peut vous aider à reconnaître des niches sur le marché : en vous aidant de trois axes (par exemple prix, accessibilité par la clientèle, succès), placez-y vos concurrents. Où apparaît une niche ?

LA BOÎTE MORPHOLOGIQUE ET LA LISTE SCAMPER

POURQUOI A-T-ON BESOIN DE STRUCTURE POUR ÊTRE CRÉATIF

Innover ne signifie pas seulement créer du nouveau mais aussi réinventer l'existant. Mais comment s'y prendre ?

L'idée de la morphologie vient de l'analyse de liens biologiques. Dans les années 1930, le physicien suisse Fritz Zwicky développa au California Institute of Technology une méthode permettant de rechercher la solution d'un problème, qu'il baptisa la « boîte morphologique ». Dans cette méthode, il s'agissait de se former une image globale à partir de nombreuses combinaisons possibles. Zwicky l'appliqua tout d'abord à de nouvelles formes de réacteurs d'avions, mais elle s'imposa également dans le marketing et dans le développement de nouveaux concepts.

Cette méthode fonctionne de la manière suivante : il s'agit, par exemple, lors de la conception d'une nouvelle voiture, de noter toutes les caractéristiques entrant en considération en n'omettant aucune de leurs formes possibles (voir p. 38-39). Cela implique une bonne connaissance du sujet mais aussi une imagination créative, puisqu'il s'agit de créer quelque chose de nouveau à partir de quelque chose de préexistant. Le résultat est un tableau (la boîte morphologique peut revêtir jusqu'à quatre dimensions).

La discussion peut alors commencer : admettons que la voiture a été définie comme un 4x4, mais qu'elle doit également être peu coûteuse à l'achat et économe à l'utilisation. Quelles approches correspondent le mieux à ces souhaits ? Reliez vos souhaits par un trait. Vos priorités apparaissent clairement. Posez-vous maintenant la question suivante : est-ce que je peux construire une voiture à partir de ces points ? Faut-il, dans le cas contraire, négliger quelques aspects pour en privilégier d'autres ?

Outre la boîte morphologique, la liste SCAMPER élaborée par Bob Eberle (baptisée ainsi par acronymie) peut aussi vous aider à réinventer une idée ou un produit préexistant. Cette liste permet d'examiner sous plusieurs angles une question, une idée pour trouver de nouvelles solutions, des améliorations :

- **Substituer ?** Remplacer des personnes, des composantes, des matériaux.
- **Combiner ?** Combiner avec d'autres fonctions ou éléments.
- **Adapter ?** Adapter les fonctions ou l'aspect.
- **Modifier ?** Changer la taille, la forme, la matière ou l'acoustique.
- **Produire ou trouver un nouvel usage ?** Nouvelles utilisations, autres utilisations, utilisations combinées.
- **Éliminer ?** Réduire, simplifier, ôter le superflu.
- **Renverser ?** Choisir une utilisation contraire, renverser, inverser.

La difficulté n'est pas de voir ce que personne n'a vu mais de penser comme personne n'a jamais pensé au sujet de quelque chose que tous voient.

Arthur Schopenhauer

➥ Voir aussi « Sortir des sentiers battus » (p. 42).

CARACTÉRISTIQUES / CONFIGURATION	CONFIGURATION 1	CONFIGURATION 2
DESIGN	Agressif	Forme anguleuse
PERFORMANCE, MOTEUR	Essence 100-200 chevaux	Essence 200-300 chevaux
PLACES ASSISES	2	4
TYPE DE VÉHICULE	Berline haut de gamme	Voiture citadine
STYLE	Fier	Cool
FONCTIONNALITÉS	Lecteur DVD (partenaire d'un réseau de distribution)	Accès à de la musique en ligne inclus
GROUPE CIBLE	Individus à hauts revenus	Deux salaires sans enfant

NFIGURATION 3	CONFIGURATION 4	CONFIGURATION 5	CONFIGURATION 6
ancé	Fluide	Sportif	Athlétique
esel	Hybride	Hydrogène	Électrique
	6	6+	6+ couchette comprise
4 Urbain	Break	Coupé	Pick-up
nical	Insolent	Européen	Américain
upon ur du tuning »	Partenariat avec la SNCF pour les trajets longs	Possibilité de choisir une nouvelle peinture par an	Frigo, voire mini-cuisine
ciens réac' i s'embour- oisent	Bobo-écolo	Personnes âgées aisées	Modestes et introvertis

LE DILEMME DU CADEAU

QUOI OFFRIR ET À QUI L'OFFRIR

Le cadeau est un terrain miné. Celui qui a déjà reçu une bougie parfumée ou une énième tasse quelconque ou, pire encore, celui qui en a offert, sait à quel point cela peut être difficile. Dénué de tout fondement scientifique, notre petit modèle opère selon deux axes :

- Quel est le prix du cadeau ?
- Quelle est la valeur du cadeau ?

Il implique deux règles générales :

- La générosité triomphe de l'avarice. (Ne vous laissez pas influencer par des phrases du type : « Vous n'auriez pas dû ! »)
- Offrez des expériences plutôt que des objets.

Offrez-moi du luxe, je peux me passer du nécessaire.

Oscar Wilde

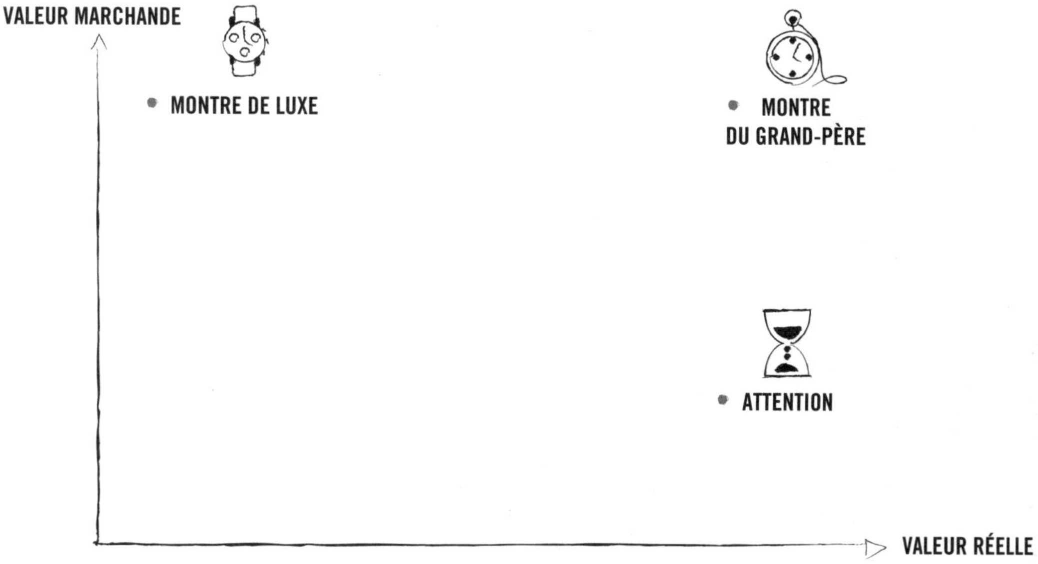

Quel est le plus beau cadeau que vous ayez jamais offert ? Et reçu ?

SORTIR DES SENTIERS BATTUS

COMMENT AVOIR DES IDÉES ÉTONNANTES

Les idées véritablement innovantes, c'est-à-dire les idées qui ne se contentent pas de proposer des variations d'éléments préexistants ou de les appliquer à d'autres domaines, sont rares. La plupart du temps, on les trouve là où l'on n'avait pas cherché jusque-là. Ou alors quand on transgresse les règles du jeu. À titre d'exemple, nous pouvons nous servir du « problème en neuf points » apparu pour la première fois au début du xxe siècle dans des cahiers d'énigmes.

Ce qu'il faut faire : reliez neuf points avec quatre traits maximum, sans déposer votre crayon.

La solution : le truc consiste à laisser les traits déborder des limites du carré.

On fait volontiers appel à cette énigme comme un modèle de pensée créative. Il ne faut cependant pas en tirer de conclusions hâtives. En effet, le Dr Peter Suedfeld, professeur de psychologie à l'University of British Columbia, a observé un phénomène étonnant en appliquant la « Restricted Environmental Stimulation Technique » (REST), une méthode au cours de laquelle des individus testés étaient isolés d'éventuels attraits présents dans leur environnement. Enfermés dans des pièces peu éclairées, ils ne recevaient plus aucune stimulation extérieure. Or, cette expérience a démontré qu'au lieu de devenir fous, leur pression artérielle chutait, leur humeur s'améliorait et qu'ils devenaient même plus créatifs.

Une personne qui veut sortir des sentiers battus devrait plutôt commencer par suivre un sentier.

➥ Voir aussi « La boîte morphologique et la liste SCAMPER » (p. 36).

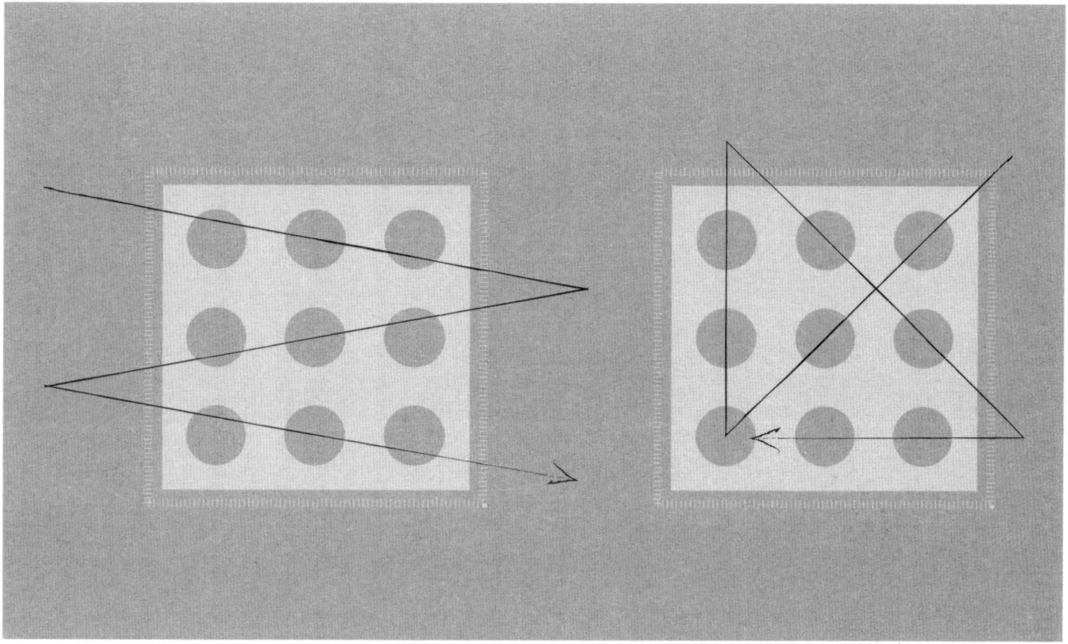

Voici comment on relie neuf points avec quatre traits seulement.

LE MODÈLE DES CONSÉQUENCES

POURQUOI IL FAUT PRENDRE SES DÉCISIONS TÔT

Il n'est pas rare que nous devions prendre des décisions en nous appuyant sur des bases incertaines. C'est souvent au début d'un projet, au moment où notre connaissance des tenants et aboutissants de celui-ci est encore relativement faible, que nous devons avoir le courage de décider. C'est d'autant plus vrai que les effets de ces décisions sont les plus durables. Nous sommes généralement mieux renseignés à la fin d'un projet, et nos doutes sont proportionnellement moindres, mais il ne reste alors plus grand-chose d'essentiel à décider.

La question la plus importante est donc de savoir comment traverser le processus séparant le doute de la décision.

Attention : il nous arrive fréquemment de repousser des décisions parce que nous ne sommes pas sûrs de nous. Pourtant, le fait même de ne pas décider équivaut dans ce cas à une prise de décision. Repousser une décision est souvent une forme d'action non verbalisée. Cela entraîne en général des incertitudes au sein de l'équipe. Si vous choisissez donc de repousser votre prise de décision, veillez à le faire savoir clairement autour de vous.

Avec ce modèle, les théoriciens de l'organisation danoise Kristian Kreiner et Søren Christensen exhortent à avoir le courage de prendre des décisions même sans avoir toutes les informations à disposition. Ou alors : arrangez-vous pour acquérir rapidement les connaissances nécessaires à la prise de décision.

Martin Luther disait : seul celui qui décide existe vraiment.

Nous disons : une décision est valable jusqu'à sa révision.

On ne regrette que ce qu'on n'a pas fait.

Marcel Proust

➥ Voir aussi « La règle du stop » (p. 48).

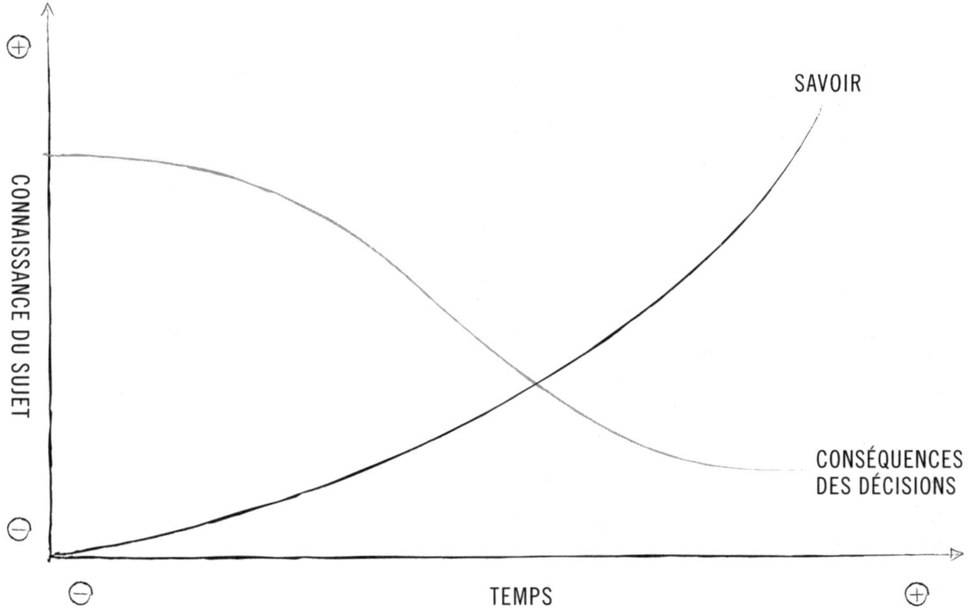

Ce modèle montre la relation entre les conséquences de vos décisions et l'étendue de vos connaissances. Plus vous en savez, moins graves sont les conséquences.

LA THÉORIE DE LA PENSÉE INCONSCIENTE

APPRENDRE À DÉCIDER DE MANIÈRE INTUITIVE

On pourrait être tenté de croire que les bonnes décisions sont le résultat d'estimations réfléchies et systématiques. C'est vrai dans les cas les plus simples, où il est avisé de mesurer les avantages et les inconvénients à tête reposée. Pour les décisions plus complexes, en revanche, où le meilleur choix n'est pas clairement visible, il peut être utile de mettre ses réflexions au repos pendant un moment. En effet, si vous avez accumulé suffisamment d'arguments et d'informations, il vous sera plus facile d'agir si vous vous fiez ensuite à votre intuition. Ce phénomène s'explique par le fait que votre subconscient est plus habile à analyser des masses d'informations.

Mais comment met-on sa raison au repos ? Le psychologue Gerd Gigerenzer recommande cette technique qui peut sembler banale au premier abord : quand vous n'arrivez pas à vous décider entre deux options, jouez à pile ou face. Pendant que la pièce tournoie dans les airs, vous ressentirez probablement une préférence pour l'une ou l'autre option. Si c'est le cas, le résultat affiché par la pièce n'a plus d'importance.

Dans ce processus, il s'agit donc de neutraliser les estimations hasardeuses de la raison pour établir un contact direct avec des envies et des expériences plus profondes. Vous trouverez une autre méthode ci-contre.

L'intuition est une connaissance qu'on ne peut justifier.

Méthode de prise de décision intuitive
d'après Ap Dijskterhuis et Zeger van Olden

1. De quelle décision s'agit-il ?

   Par ex. : Est-ce que je dois l'épouser ?
   ....

   ....

2. Trouvez la solution de ces anagrammes
   (Anagramme → Indice → Solution)

   LAMPE → Plongée → PALME

   ARTS → Souris → ....

   NAGE → Ciel → ....

   PURE → Effroi → ....

   AMER → Étang → ....

3. Inscrivez désormais la décision que vous voulez prendre :

   ....

   ....

Cette méthode sert à distraire la conscience pour activer le subconscient. Ne perdez pas de temps à vous demander si cette méthode est absurde, mettez-la en pratique !

LA RÈGLE DU STOP

QUAND FAUT-IL RÉVISER SA DÉCISION ?

Dans leur excellent ouvrage *Simple Rules*, les Américains Kathleen Eisenhardt et Donald Sull avancent que, dans des situations particulières, les simples règles sont préférables aux concepts ambitieux parce qu'elles raccourcissent le temps d'assimilation des informations – l'un des processus les plus chronophages entre tous.

Prenons un exemple : quand savoir si je dois revoir ma décision ? Radicalement fiable, presque universel, le principe du stop nous évite le moment extrêmement difficile où il s'agit de peser le pour et le contre.

C'est en 1935 que le légendaire investisseur Gerald Loeb formula cette règle à la fois basique et puissante pour répondre à l'éternelle question des investisseurs : quand faut-il vendre ? Le conseil de Loeb : dès qu'un investissement perd 10 % de sa valeur, vendez sans tergiverser !

La beauté de ces lois réside précisément dans leur aspect inconditionnel. Elles vous épargnent des maux de tête et peuvent sauver des vies, notamment quand il s'agit d'assurer sa retraite pendant l'ascension d'un pic montagneux : si nous n'avons pas atteint le sommet à 14 heures, nous rebroussons chemin. La dernière fois qu'une personne a négligé cette loi, en 1996 sur le mont Everest, huit personnes ont perdu la vie.

C'est tout un art de distinguer la frontière entre la lâcheté et la folie.

Reinhold Messner

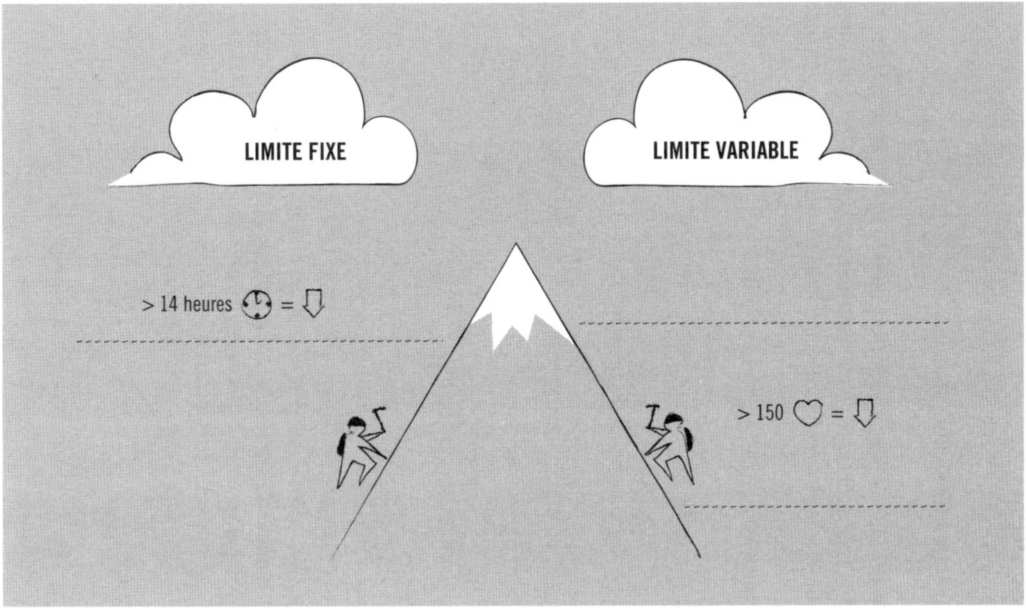

Voici deux variantes de la règle du stop : une limite fixe (si nous n'avons pas atteint le sommet à 14 heures, nous rebroussons chemin) et une limite variable (si notre pouls se situe encore en dessous de 150 à 14 heures, nous continuons de grimper jusqu'à 15 heures).

LE MODÈLE DE LA DÉCISION D'ACHAT

COMMENT CHOISIR SA VOITURE ?

Admettons que vous souhaitiez faire l'acquisition d'une voiture, mais que vous n'arriviez pas à vous décider. Voici quatre trucs et demi pour vous aider à choisir :

1. Déterminez une stratégie de recherche

Le problème avec l'information, c'est qu'on peut toujours en obtenir davantage, mais qu'on en a souvent trop. Grâce à quelques clics, on peut acquérir le niveau de connaissances d'un concessionnaire automobile. Et plus on en sait, plus on se sent assuré de faire le bon choix. L'acquisition de connaissances, cependant, a un revers : au bout d'un moment, on en sait trop. Théoriquement, on pourrait passer le restant de ses jours à lire des comptes-rendus de tests automobiles. Au lieu de cela, posez-vous des limites : trois heures de recherche sur Internet, l'opinion de trois amis et l'expertise de deux concessionnaires automobiles.

2. Réduisez vos attentes

Ne cherchez pas la voiture parfaite ! D'après le professeur de psychologie Barry Schwartz, cherchez une voiture qui répond à vos besoins essentiels. Quand bien même ce ne serait pas le choix idéal, ce sera toujours mieux que de ne pas avoir de voiture du tout ou de passer votre temps à en chercher une. Voici comment procéder : faites la liste des cinq critères décisifs dans le choix de votre voiture. Barrez les deux derniers.

3. Ne vous inquiétez pas

D'après le psychologue Daniel Gilbert, la plupart des décisions sont moins lourdes de conséquences qu'on le croit. Appliquez la méthode des 10-10-10 de Suzy Welch, parmi les 5 % d'élèves les plus brillants de Harvard. Considérez votre achat à venir et demandez-vous : quelle incidence cette décision aura-t-elle sur ma vie dans dix jours ? Dans dix mois ? Dans dix ans ?

4. Laissez une tierce personne décider pour vous

La plupart des gens croient qu'il vaut mieux prendre ses décisions soi-même. Ce n'est pas l'avis de Simona Botti, de la London Business School. Cette dernière a démontré qu'au moment de prendre une décision, nous sommes assaillis par l'insupportable doute de n'avoir pas fait le meilleur choix. Or, ce sentiment désagréable disparaît quand quelqu'un d'autre choisit à votre place. Faites comme ceci : si vous hésitez entre deux voitures de valeur quasi équivalente, laissez le vendeur décider pour vous.

Ou alors, faites comme Ignace de Loyola, fondateur de l'ordre des Jésuites : durant trois jours, comportez-vous comme si vous aviez choisi la première option. Les trois jours suivants, agissez comme si vous aviez choisi la seconde option. Décidez-vous ensuite.

COMMENT MIEUX ME COMPRENDRE

L'ÉTAT DE FLOW

CE QUI VOUS REND HEUREUX

Il y a plus de deux mille ans, Aristote est arrivé à la conclusion que l'homme voulait avant tout être heureux. En 1961, le psychologue américain Mihaly Csikszentmihalyi écrivait à ce sujet : « On recherche le bonheur pour lui-même, alors tous les autres buts – santé, beauté, argent ou pouvoir – n'ont de valeur à nos yeux que dans la mesure où l'on espère qu'ils nous apporteront le bonheur. » Csikszentmihalyi a cherché un terme permettant d'exprimer l'état dans lequel on se trouve quand on est heureux et l'a appelé « flow ». Mais comment accède-t-on à l'état de « flow » ? En interrogeant plus de mille personnes, il a trouvé cinq facteurs communs à toutes les personnes interrogées sur leur sentiment de « bonheur » ou de « flow » ; apparemment, celui-ci entrerait en jeu dans les situations suivantes :

- quand nous nous adonnons de **manière concentrée** à une activité que nous avons
- **librement choisie**, et qui
- ne nous ennuie pas (**lassitude**) ni ne nous dépasse (**surmenage**), qui est orientée vers un
- **but précis** et au sujet de laquelle nous recevons un
- **retour immédiat**.

Csikszentmihalyi a constaté que le sentiment de satisfaction qu'il ressent lorsqu'il se trouve en état de « flow » s'accompagne d'une perte de la notion du temps et de la conscience de soi – on s'oublie dans son activité. Loin de l'idée selon laquelle le bonheur aurait un rapport avec la détente, musiciens, sportifs, acteurs, médecins ou peintres ont décrit le bonheur comme la conséquence d'une activité souvent fatigante. Cette constatation ne vaut pas seulement pour la vie professionnelle, mais également pour la vie privée.

Qu'est-ce qui vous manque pour être heureux ?

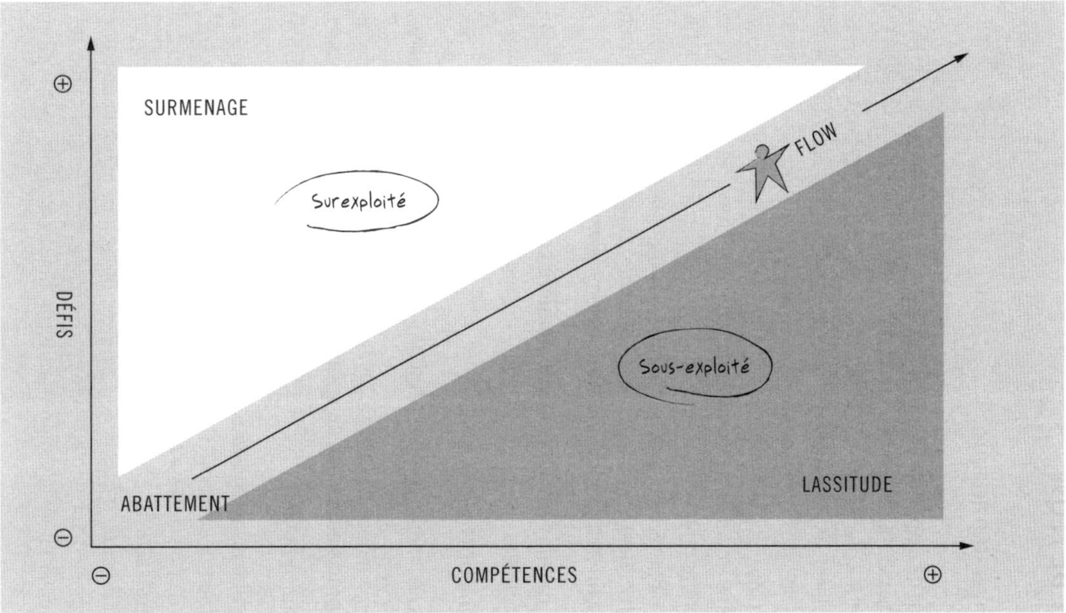

Ce modèle affiche deux axes : l'importance du défi et la mesure des compétences. Inscrivez-y vos trois derniers défis. Notez également ce que vous avez ressenti.

LA FENÊTRE DE JOHARI

CE QUE D'AUTRES SAVENT À VOTRE SUJET

La « fenêtre de Johari » – ainsi nommée d'après les premières syllabes des prénoms de ses inventeurs, **Jo**seph Luft et **Harry** Ingham – est l'une des matrices consacrées aux interactions entre humains les plus intéressantes. La fenêtre distingue ainsi :

A. **Zone publique.** Cette zone décrit les caractéristiques mais aussi les expériences dont nous avons conscience et que nous évoquons volontiers.

B. **Zone cachée.** Cette zone décrit les choses que nous savons sur nous-mêmes mais que nous gardons pour nous. Ce champ se réduit à mesure que grandit notre confiance en notre entourage.

C. **Zone aveugle.** Il existe certaines choses que nous ne savons pas sur nous-mêmes, mais que d'autres voient clairement. Il existe également des choses que nous croyons exprimer clairement mais que notre entourage comprend de manière très différente. La vision de notre entourage censée figurer dans ce champ peut être très éclairante, mais parfois aussi blessante.

D. **Zone inconnue.** Il s'agit là des facettes de notre personnalité que ni nous, ni notre entourage ne connaissons. Nous sommes bien plus complexes et plus riches que nous le croyons. De temps à autre, une part de notre « subconscient » remonte à la surface – par exemple par l'intermédiaire de nos rêves.

Choisissez des adjectifs (drôle, fiable...) qui vous correspondent bien. Demandez ensuite à des personnes de votre entourage (collègues, amis) d'en choisir à leur tour. Il s'agit maintenant de répartir ces adjectifs dans les cases.

Quelles sont les choses que vous auriez préféré ne jamais savoir au sujet de votre partenaire ? Qu'est-ce que vous préféreriez ne pas savoir au sujet de vous-même ?

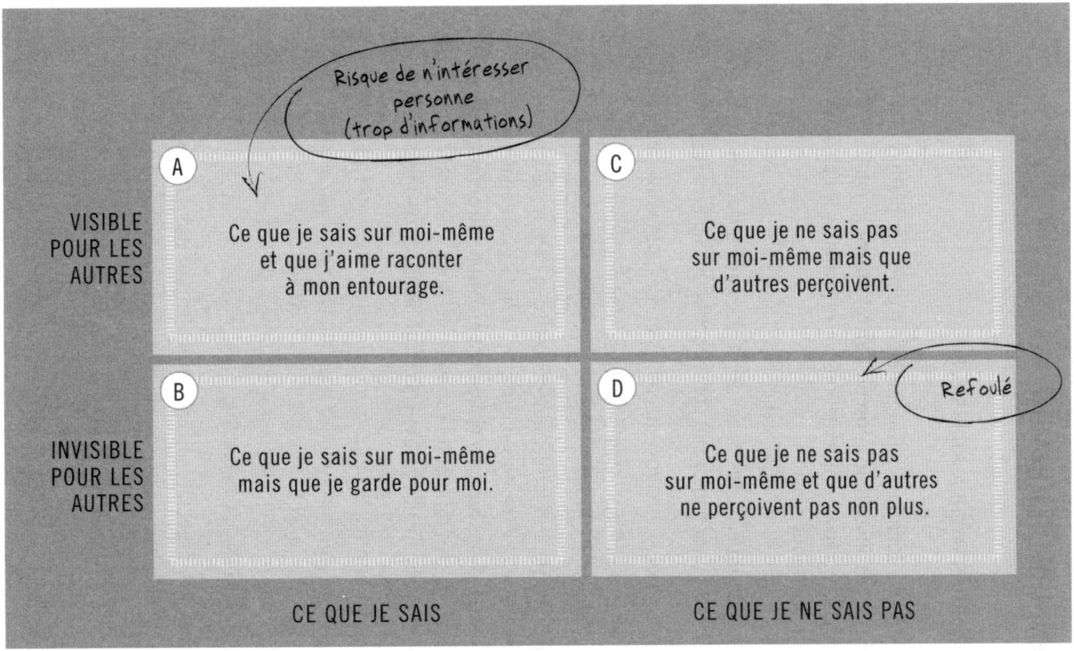

Qu'est-ce que d'autres savent de vous et dont vous n'avez pas la moindre idée ? La fenêtre de Johari structure la connaissance que nous avons de nous-mêmes.

LA THÉORIE DE LA DISSONANCE COGNITIVE

POURQUOI FUMONS-NOUS ALORS QUE NOUS SAVONS QUE C'EST NOCIF ?

Ce que nous pensons diffère souvent considérablement de ce que nous faisons : quand nous faisons quelque chose en sachant pertinemment que c'est moralement répréhensible, que c'est mauvais ou stupide, nous avons mauvaise conscience. C'est ce sentiment négatif que le psychologue Leon Festinger a appelé la « dissonance cognitive ». Ce terme décrit l'état qui s'impose quand nos principes ne concordent pas avec nos actes. C'est le cas, par exemple, lorsque nous avons pris une décision qui s'avère être une erreur, mais que nous refusons de l'admettre.

Pourquoi, dans ce cas, avons-nous tant de mal à reconnaître nos erreurs ? Pourquoi défendons-nous nos actes même quand nous sommes confrontés à leur faiblesse ? Au lieu de demander pardon, nous nous lançons dans l'un des processus humains les plus antipathiques : la justification. C'est un mécanisme de protection qui nous aide à dormir la nuit et nous libère de nos doutes. Nous ne voyons que ce que nous voulons voir et nous ignorons tout ce qui vient à l'encontre de notre point de vue ; nous cherchons des arguments pour corroborer notre position.

Mais comment résout-on cette dissonance ? En changeant soit son comportement, soit ses principes.

Une grande nation est comme un grand homme : lorsqu'il commet une erreur, il s'en rend compte. Une fois qu'il s'en est rendu compte, il l'admet. Une fois qu'il l'a admise, il la corrige. Et il considère ceux qui relèvent ses fautes comme ses professeurs les plus dévoués.

Lao Tseu

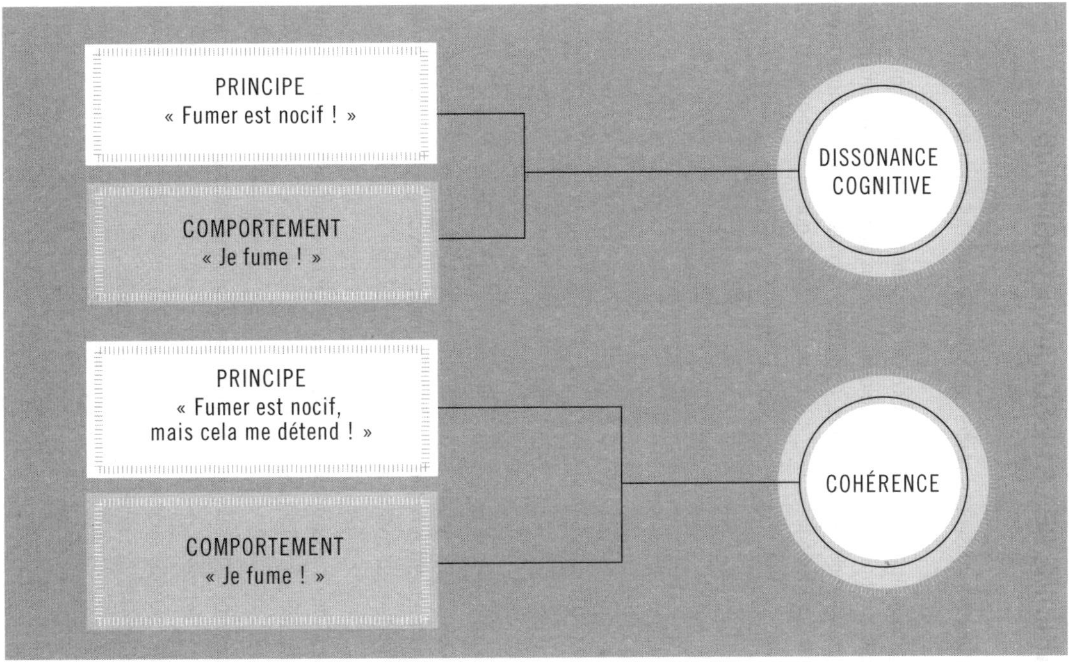

Quand avez-vous pu constater pour la dernière fois une dissonance cognitive chez vous-même ? Et chez votre conjoint ?

LE MODÈLE IMPENSABLE

À QUOI CROYEZ-VOUS SANS POUVOIR LE PROUVER ?

Les modèles servent à expliquer comment les choses sont liées entre elles. Ils permettent de démontrer ce que l'on devrait faire et ce qu'on ferait mieux de laisser tomber. Mais les modèles nous évitent-ils de voir les choses comme elles sont ?

Au XIXe siècle, Adam Smith nous mettait déjà en garde contre la fascination pour les modèles. En effet, les modèles ont beaucoup de points communs avec la foi. Si on a de la chance, cette constatation peut nous apporter le prix Nobel – c'est ce qui est arrivé à Einstein. On peut aussi acquérir un peu moins de célébrité si – comme le philosophe des sciences Thomas Kuhn – on reconnaît que la science consacre la plupart de son temps à illustrer ses modèles et qu'elle réagit avec beaucoup d'ignorance quand le monde ne veut pas s'y plier. Cette constatation ne rapporte pas de prix Nobel, mais tout au moins une chaire dans des universités d'élite.

Il n'est pas rare que nous croyions si fort à un modèle que celui-ci se confonde avec la réalité. Un exemple éclatant de cela est la preuve ontologique de l'existence de Dieu d'Anselme de Canterbury, sur laquelle Kant, à son époque déjà, s'était cassé la tête. Selon cette preuve, le fait seul que nous puissions concevoir un être aussi parfait que Dieu impliquerait son existence. On trouve aussi des exemples de la réalité d'un modèle dans notre vie de tous les jours : les modèles consacrés au comportement toujours calculateur et égoïste des êtres humains incitent ainsi à faire pareil. Mais justement : il ne faut pas croire n'importe quoi.

Bien sûr que l'au-delà existe. La question est seulement : à quelle distance se trouve-t-il du centre-ville, et jusqu'à quelle heure est-il ouvert ?

Woody Allen

→ Voir aussi « Le modèle de la boîte noire » (p. 118) et « Comment nous déciderons-nous à l'avenir ? » (p. 146).

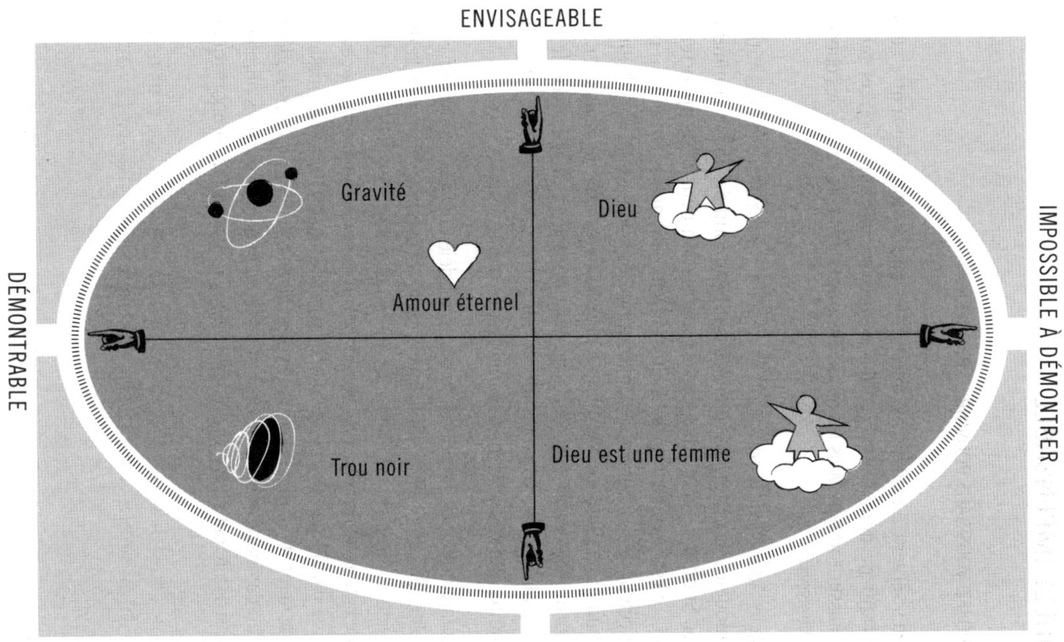

À quoi croyez-vous sans en comprendre les preuves ? À quoi croyez-vous sans qu'il y ait de preuves de cela ?

LE RADAR UFFE ELBÆK

COMMENT APPRENDRE À SE CONNAÎTRE

Si vous souhaitez en savoir plus sur vous-même ou sur votre entourage, le radar d'Uffe Elbæk vous sera très utile. Il permet en effet de mettre en évidence des prédispositions et des tendances dans notre comportement. Gardez d'abord bien en tête qu'il existe toujours quatre points de vue sur nous-mêmes :

- Comment je me vois.
- Comment j'aimerais me voir.
- Comment me voient les autres.
- Comment les autres aimeraient me voir.

Procédez de la manière suivante :

Décidez maintenant, sur une échelle allant de 1 à 10 :

a) Dans quelle mesure possédez-vous l'**esprit d'équipe** ? À quel point êtes-vous, au contraire, un **individualiste** ? Quelle attention portez-vous au **fond**, à la **forme** ? Attachez-vous plus d'importance au **corps** ou à l'**esprit** ? Vous sentez-vous plus **global** ou plus **local** ? Reliez les points avec un crayon.

b) Munissez-vous maintenant d'un crayon d'une autre couleur, notez comment vous aimeriez vous voir et reliez les points.

c) Vous pouvez bien sûr définir vos propres axes au lieu de ceux proposés en p. 63 (pauvre-riche, heureux-malheureux, extraverti-introverti).

Attention ! Il ne s'agit là que d'un cliché instantané. La somme d'un axe doit par ailleurs toujours donner 10 (vous ne pouvez pas avoir 10 points pour « extraverti » et 10 points pour « introverti »).

Qu'est-ce qui vous empêche d'être ce que vous aimeriez être ?

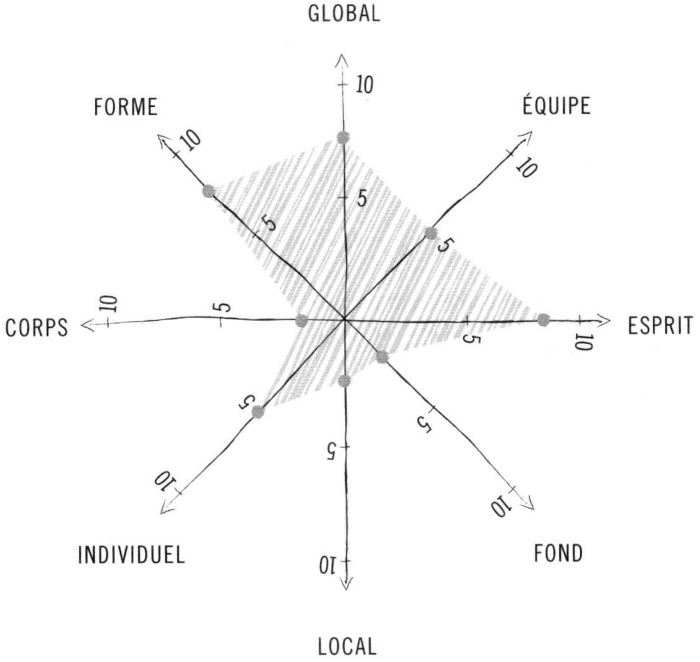

Remplissez ce radar pour vous-même. Demandez ensuite à votre conjoint ou à un bon ami de remplir lui aussi le radar selon l'image qu'il a de vous. Comparez les résultats.

LE MODÈLE PASSÉ-PRÉSENT-FUTUR

EST-CE QUE VOUS VIVEZ DANS LE PRÉSENT ?

On dit toujours qu'il faut vivre dans « l'instant », mais pourquoi dit-on cela ? À ce sujet, l'écrivain suisse Pascal Mercier note très justement : « Nous commettons une faute, un acte absurde de violence, quand nous nous concentrons sur l'ici et le maintenant, dans la conviction de saisir ainsi l'essentiel. L'important serait de se mouvoir dans le paysage intérieur que nous sommes, déployé dans le temps et dans l'espace. »

Ainsi, il convient de poser une question sans porter de jugement de valeur : combien de temps consacrez-vous à l'évocation du passé, combien à l'instant présent et combien à la projection dans le futur ? Posons la question d'une manière différente : à quelle fréquence pensez-vous au passé, que ce soit avec nostalgie ou avec soulagement ? À quelle fréquence avez-vous l'impression de concentrer toute votre attention très précisément sur ce que vous êtes en train de faire ? À quelle fréquence imaginez-vous ce que l'avenir pourrait vous apporter ou nourrissez-vous des craintes concernant votre avenir proche ?

Les trois exemples figurant sur la page de droite peuvent également représenter des tendances culturelles. Orientée vers le passé : l'Europe nostalgique. Poussée par ses rêves : l'Amérique, la Terre des entrepreneurs. Focalisée sur la réalité : l'Asie travailleuse.

Vous ne pouvez pas changer le passé. Mais vous pouvez gâcher le présent en vous inquiétant pour le futur.

➥ Voir aussi « À la croisée des chemins » (p. 78).

ORIENTÉ VERS LE PASSÉ

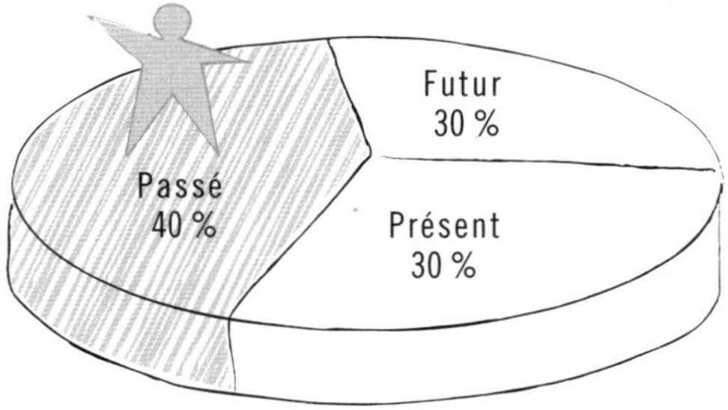

POUSSÉ PAR SES RÊVES

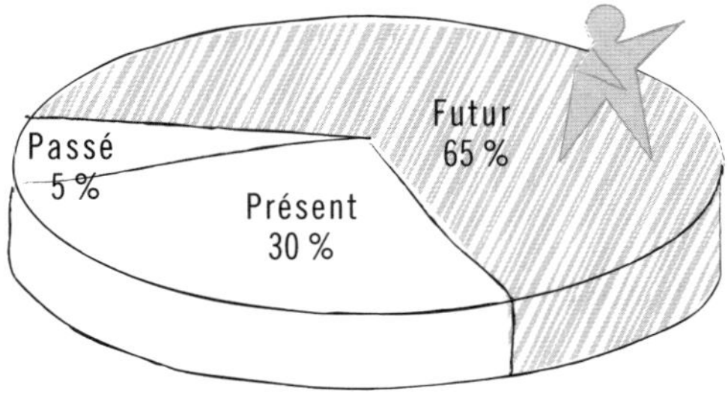

FOCALISÉ SUR LA RÉALITÉ

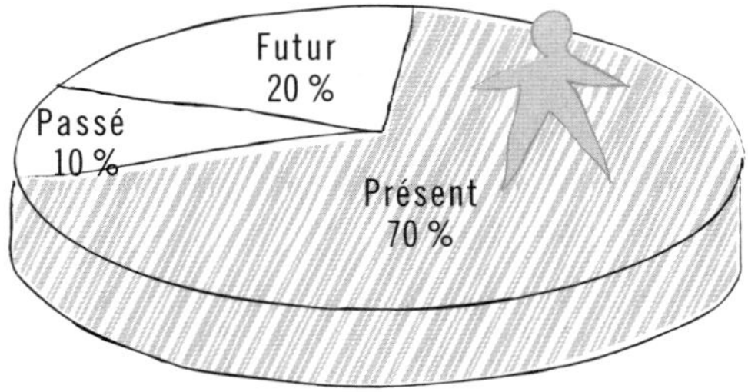

Notez combien de temps (en pourcentage) vous consacrez au passé, au présent ou au futur.

LE MODÈLE DE LA PERFORMANCE PERSONNELLE

À QUOI VOIT-ON QUE C'EST LE MOMENT DE CHANGER D'EMPLOI ?

Un grand nombre de personnes sont mécontentes de leur emploi. Mais par rapport à quoi mesurent-elles leur insatisfaction ? Ce modèle vous aide à sonder de manière assez simple votre situation professionnelle.

Pendant trois semaines, posez-vous tous les soirs les trois questions suivantes et classez vos réponses sur une échelle allant de 1 (« Ne correspond pas du tout ») à 10 (« Correspond tout à fait ») :

1. **Obligation.** Dans quelle mesure les tâches que j'accomplis en ce moment me sont-elles imposées ou ordonnées ?
2. **Possibilité.** Dans quelle mesure les tâches que j'accomplis correspondent-elles à mes compétences ?
3. **Volonté.** Dans quelle mesure mon activité actuelle correspond-elle à mon souhait profond ?

Analysez ensuite les différentes formes des « voiles ». Si elles sont changeantes, cela signifie que votre activité professionnelle est variée. Si elles sont identiques, posez-vous les questions suivantes :

- Qu'est-ce que vous voulez ?
- Est-ce que vous savez faire ce que vous voulez faire ?
- Voulez-vous faire ce que vous savez faire ?
- Qu'est-ce que vous savez faire ?

Si vous ne savez pas faire quelque chose, travaillez-y pour y parvenir.

➥ Voir aussi « L'état de flow » (p. 54) et « Le modèle de l'élastique » (p. 26).

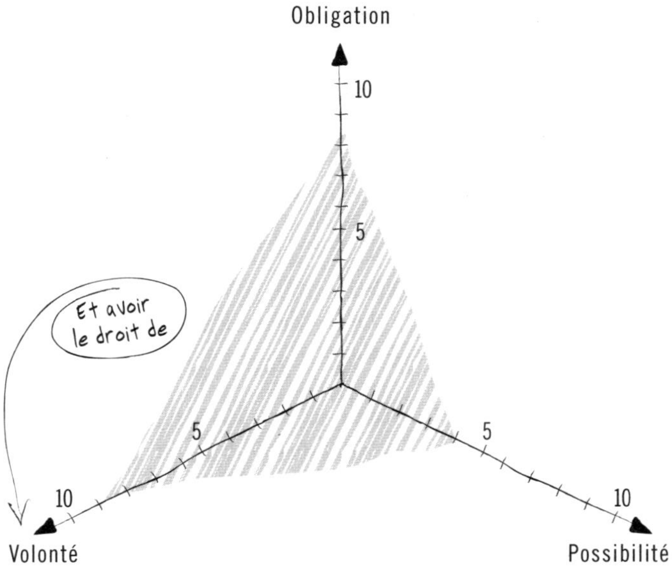

Dans quelle mesure vos tâches actuelles vous sont-elles imposées ? Dans quelle mesure correspondent-elles à vos compétences et à vos souhaits ?

LE MODÈLE DU MAKING-OF

POURQUOI IL FAUT CONNAÎTRE SON PASSÉ POUR MIEUX CONCEVOIR SON AVENIR

Lorsqu'on est confronté à des décisions stratégiques, on se projette généralement dans l'avenir. Nos rêves se déroulent dans le futur, nos espoirs sont tournés vers demain.

Pourquoi en est-il ainsi ? Peut-être parce que nous croyons être en mesure d'orchestrer notre avenir. Nous oublions cependant que tout avenir a un passé, et que ce passé est la seule base sur laquelle nous pouvons placer les fondements de notre avenir.

Ainsi, la question essentielle n'est pas « Comment est-ce que je me représente mon avenir ? » mais « Comment vais-je créer un lien, un passage entre l'histoire d'une entreprise/d'un projet/d'une personne et l'avenir ? ». Inspiré d'une visualisation de l'agence Grove à San Francisco, ce modèle vous aide à discerner dans votre passé ce qui était important, ce que vous pouvez oublier et la leçon que vous devez en tirer.

Cela se passe ainsi : définissez un cadre temporel (l'année dernière, ma scolarité, mon mariage, depuis que j'ai créé mon entreprise) et faites défiler cette période dans votre esprit. Vous pouvez le faire seul ou en groupe. Notez ensuite sur votre échelle de temps :

- les objectifs que vous aviez (à l'époque) ;
- la leçon que vous en avez tirée ;
- les obstacles (surmontés) ;
- les succès ;
- les participants.

Une fois que vous l'aurez rempli, ce modèle vous dira quelle importance vous donnez à votre passé.

Le souvenir est le seul paradis dont nous ne pouvons être chassés.

Jean Paul Richter

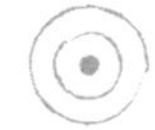

OBJECTIFS
(à l'époque)

LEÇONS TIRÉES

OBSTACLES
(surmontés)

SUCCÈS

PARTICIPANTS

Définissez une période temporelle et notez : quels étaient vos objectifs ? Quels obstacles avez-vous surmontés ? Quels étaient vos succès ? Quelles personnes ont été importantes pour vous pencant cette période ?

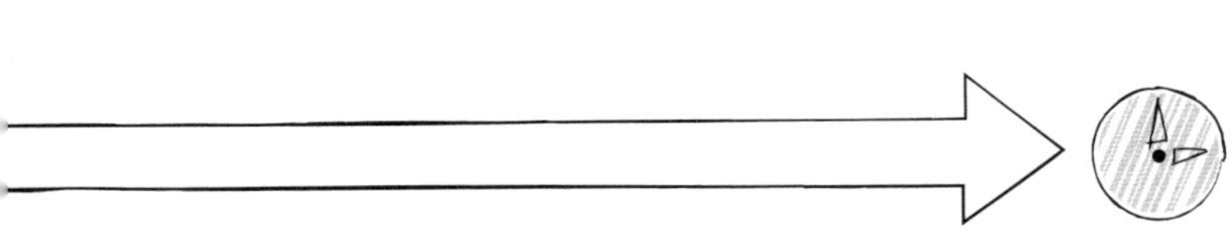

LE PIÈGE DU POTENTIEL

POURQUOI IL VAUT MIEUX ÉVITER D'AVOIR DES ATTENTES

« Voilà quelqu'un de prometteur » – celui qui s'est déjà entendu qualifier de la sorte se doute d'emblée de ce que cache ce piège du potentiel : il s'agit de l'effort permanent de tenir cette promesse.

C'est la malédiction de ces personnes talentueuses dont on ne cesse de répéter : il faut juste qu'il sache ce qu'il veut vraiment. Tout le monde leur a toujours pardonné leurs erreurs, prenant leurs plus grands succès comme des évidences. Au début, elles ont profité de cette association de talent et de charisme aussi séduisante que fatale. Mais cette période de grâce s'est arrêtée quand les moins intelligents se sont mis au travail. Tout d'un coup, ces personnes talentueuses ont assisté, impuissantes, à l'ascension de ceux qui les jalousaient le plus. Elles se sont laissé doubler sans réagir.

Le piège du potentiel est facile à identifier. Sur la matrice suivante, vous distinguez trois courbes :

1. « Ce que j'attends de moi »
2. « Ce que les autres attendent de moi »
3. « Mes performances réelles »

Le piège s'ouvre dès que les attentes des autres et la performance réelle divergent trop fortement. Normalement, l'individu talentueux parvient à sauver la face jusqu'à ce que la crise survienne. Notre conseil est donc : promettez 80 et donnez 120.

Êtes-vous prêt à attendre moins de vous-même que ce que les autres semblent attendre de vous ?

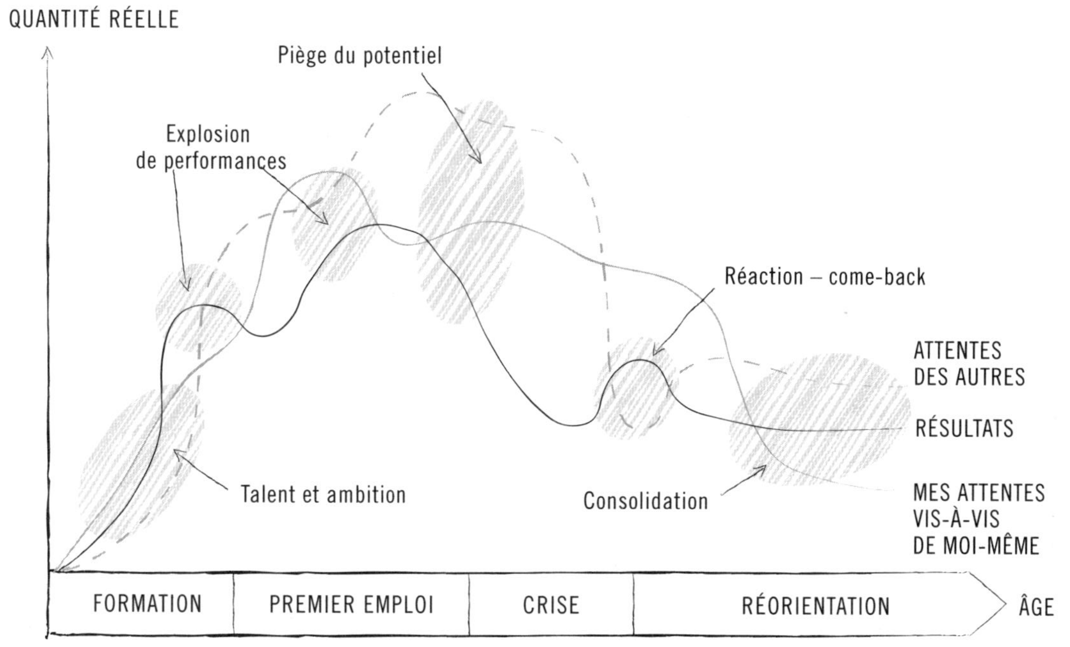

Cette matrice comprend trois courbes : les attentes des autres, vos attentes, vos résultats. Si ces trois courbes s'éloignent trop les unes des autres, vous vous aventurez du côté du piège du potentiel.

LE PARADOXE DES CHOIX DIFFICILES

LES QUATRE TYPES DE DÉCISIONS

Stricto sensu, toute décision repose sur deux paramètres fondamentaux : en quoi les options sont-elles comparables ? Et : Quelles seront les conséquences de ma décision ?

Sur un schéma, cela donne quatre champs :

1. Options comparables, conséquences négligeables : une option est préférable à une autre, mais une erreur de jugement n'aura pas de conséquence majeure. Exemple : deux produits similaires, dont l'un est moins cher que l'autre.

2. Options peu comparables, conséquences négligeables : aller faire la fête ou se coucher tôt ? Chaque option présente ses propres avantages, mais elles ne sont pas vraiment comparables. Le choix n'est pas facile, mais il n'aura aucune conséquence majeure.

3. Options comparables, conséquences décisives : si nous apprenons que notre vie dépend d'une opération chirurgicale, nous nous trouvons face à une décision importante mais facile à prendre, parce qu'il n'existe pas d'alternative valable.

4. Options peu comparables, conséquences décisives : fonder une famille, changer d'emploi – il n'y a pas de bonne ou de mauvaise réponse à ces « choix difficiles ». D'après la philosophe Ruth Chang, quelle que soit la décision prise, l'important est de pouvoir la justifier par des arguments subjectifs. L'évaluation rationnelle n'a pas d'impact dans ce cas de figure.

Au lieu de chercher des raisons n'importe où, nous devrions chercher les raisons ici : qui est-ce que je veux être ?

Ruth Chang

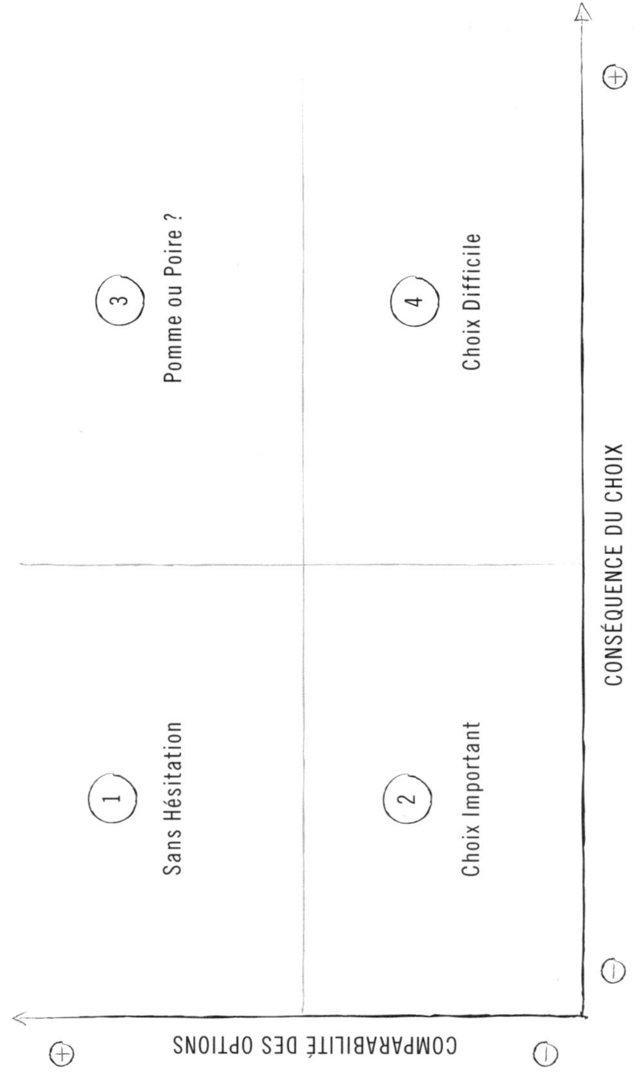
1
Sans Hésitation
2
Choix Important
3
Pomme ou Poire ?
4
Choix Difficile
CONSÉQUENCE DU CHOIX
COMPARABILITÉ DES OPTIONS
+
−
+
−

LA DÉFORMATION COGNITIVE

QUELLES ERREURS FAITES-VOUS EN PRENANT DES DÉCISIONS ?

	L'effet d'ancrage	L'erreur de la confirmatio
Préjugés	Nous avons considéré tous les facteurs avant de prendre notre décision.	Nous avons évalué la situatio de manière objective avant d prendre une décision.
Réalité	Nous nous fions avant tout à la première information reçue : le premier avis que nous entendons sur une personne influencera notre opinion d'elle, le premier prix exprimé constitue notre base de négociation. D'où le dicton : « La première impression est la bonne ». Il faut faire preuve d'un pouvoir de conviction énorme pour déplacer un ancrage une fois qu'il est posé.	Nous interprétons les informa tions de telle manière qu'elle confortent nos préjugés o nos convictions préexistante Ou plutôt : nous ignorons le informations qui contrediser nos préjugés. Personne c cherche des contre-argumen sur Google.
Solutions	Ne vous fiez pas à votre première impression.	Partez du principe que vou avez tort.

Les déformations cognitives sont ces erreurs d'estimation systématiques que nous faisons couramment et qui influencent nos décisions. Il est impossible d'éviter ces déformations, mais on peut affûter ses pensées.

L'erreur de disponibilité	L'erreur de la rapidité/ de la lenteur
Jous disposons d'arguments onvaincants pour justifier os choix.	Nous croyons pouvoir nous fier à notre intuition pour prendre la bonne décision.
Jous bâtissons notre argu-nentation sur des informa-ions simples, disponibles et urtout autobiographiques. 'ous avez eu un accident lors que vous étiez dans une Golf ? Volkswagen construit raiment de mauvais véhi-ules ! Vous aviez un petit mi polonais particulière-nent séduisant ? Tous les 'olonais sont beaux !	Si les décisions impulsives peuvent être très judicieuses (voir « La théorie de la pensée inconsciente », p. 46), ce n'est pas une généralité. Daniel Kahneman classe nos pensées en fonction des Systèmes 1 (rapide et intuitive) et 2 (lente et attentive). Un exemple : un café accompagné d'un biscuit coûte 1,10 €. Le café coûte 1 € de plus que le biscuit. Quel est le prix du biscuit ? La plupart des personnes interrogées répondront 10 cents. C'est un raisonnement conforme au Système 1. Si on réfléchit plus longuement, conformément au Système 2, on obtient le bon résultat : le biscuit coûte 5 cents.
Méfiez-vous des « évidences necdotiques ».	Relisez vos e-mails avant de les envoyer.

À LA CROISÉE DES CHEMINS

ET MAINTENANT ?

Chacun de nous se retrouve régulièrement à un carrefour de sa vie. Il se pose alors la question suivante : où dois-je aller maintenant ? Ce guide « À la croisée des chemins » vous aide à trouver une orientation dans la vie. Remplissez la matrice en fonction des directives suivantes pour trouver les facteurs qui influencent votre décision.

D'OÙ VENEZ-VOUS ?

Comment êtes-vous devenu ce que vous êtes ? Quels ont été les événements décisifs, les rencontres et les obstacles importants dans votre vie ? Pensez à votre formation, à votre foyer, l'endroit où vous avez grandi. Notez ce qui vous semble important.

QU'EST-CE QUI EST VRAIMENT IMPORTANT POUR VOUS ?

Notez les trois premières choses qui vous viennent à l'esprit. Vous n'avez pas besoin d'être précis ou exhaustif. Quelles sont vos valeurs ? À quoi croyez-vous ? À quels principes ne voudriez-vous pas renoncer ? Que reste-t-il quand plus rien ne va ?

QUELLES PERSONNES SONT IMPORTANTES POUR VOUS ?

Il s'agit ici des personnes dont le jugement vous importe, susceptibles d'influencer vos décisions, mais aussi des personnes qui pourraient être concernées par vos décisions. Pensez aux personnes que vous appréciez et à celles que vous craignez.

QU'EST-CE QUI VOUS EMPÊCHE D'AVANCER ?

Quels sont, dans votre vie, les aspects qui vous éloignent régulièrement de ce qui vous importe vraiment ? Quelles dates butoirs avez-vous en tête, qu'est-ce qui vous empêche d'avancer ? Qu'est-ce que vous devez faire, et quand ?

DE QUOI AVEZ-VOUS PEUR ?

Listez les éléments, les situations ou les personnes au sujet desquels vous vous inquiétez, auxquels vous consacrez de l'énergie.

Regardez les notes que vous avez prises. Qu'est-ce qu'il vous manque ? Quels thèmes ressortent clairement ? Est-ce que vos notes racontent l'histoire de votre parcours, est-ce qu'elles expliquent comment vous êtes devenu ce que vous êtes aujourd'hui ? Complétez ce tableau par des notes ou des questions si cela vous semble nécessaire. Regardez maintenant les chemins qui s'ouvrent à vous. Nous en avons listé six à titre d'exemple. Faites-vous une idée sur chacun d'eux.

1. Le chemin qui vous attire – qu'avez-vous toujours voulu essayer ?
2. Le chemin que vous vous imaginez dans vos rêves les plus fous, indépendamment du fait que ce soit réalisable – de quoi rêvez-vous ?
3. Le chemin qui vous paraît le plus raisonnable – la route que vous conseilleraient de prendre les personnes dont l'avis vous importe.
4. Le chemin inconnu – la route que vous n'aviez encore jamais envisagée.
5. Le chemin que vous avez déjà emprunté.
6. Le chemin du retour.

À vous de décider.

Quand avez-vous pour la dernière fois fait quelque chose pour la première fois ?

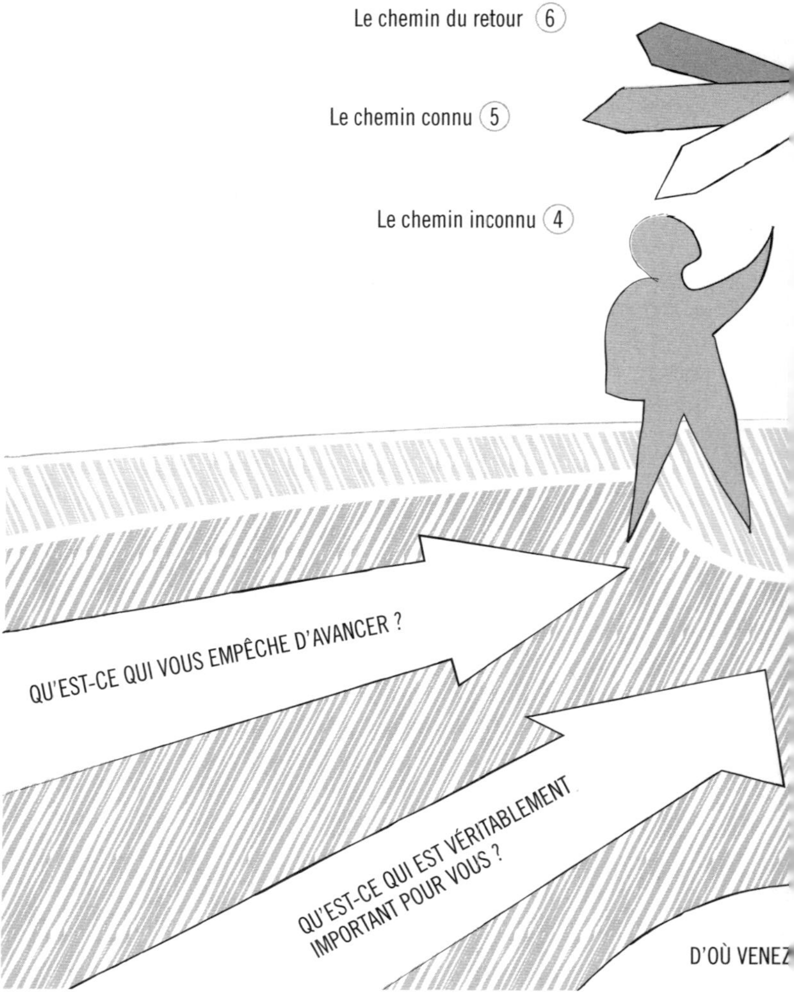

Répondez à ces questions pour vous-même ou alors avec un ami proche. Imaginez ensuite les chemins que vous pourriez emprunter.

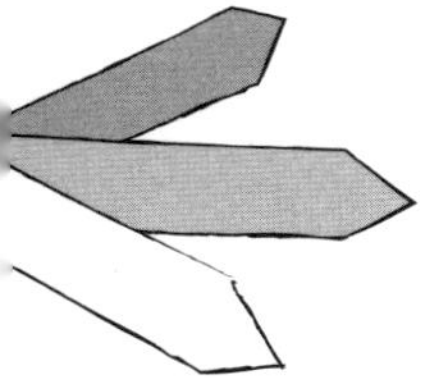

1. Le chemin attirant
2. Le chemin rêvé
3. Le chemin raisonnable

APPRENDRE À MIEUX COMPRENDRE LES AUTRES

LA MATRICE DE RUMSFELD

APPRENDRE À MESURER LES RISQUES POTENTIELS

L'une des analyses de risques les plus intéressantes provient curieusement d'une personne qui s'est démarquée par de multiples erreurs d'estimation des risques. Il s'agit de Donald Rumsfeld, ministre de la Défense sous George W. Bush. Lors d'une conférence de presse en février 2002, un journaliste lui demanda si l'Irak soutenait des terroristes. S'appuyant sur un modèle, Donald Rumsfeld évoqua les points suivants :

1. Les *knows* ou paramètres connus (ce que nous savons).
2. Les *unknows* ou paramètres inconnus (ce que nous ne savons pas).

De ces paramètres résultent quatre champs de risques :

1. **Les connaissances connues :** ce que nous savons savoir. Ce sont les risques que nous connaissons et contre lesquels nous avons développé des mesures de protection. Par exemple, la personne qui a peur de se faire voler son vélo le munira d'un cadenas.
2. **Les connaissances inconnues :** ce que nous savons ne pas savoir. Ce sont les risques que nous connaissons mais que nous ne pouvons pas mesurer. Par exemple, la Bourse : tout le monde sait qu'elle s'écroule de temps en temps, mais personne ne peut prédire à quel moment, ni quelle sera l'ampleur de la chute.
3. **Les ignorances connues :** ce que nous ne savons pas savoir. Les scientifiques partent du principe que nombre d'entre nous en savent plus que ce qu'ils croient. Qu'on appelle cela intuition, instinct ou voix intérieure – une chose semble certaine : nous avons tendance à nous pardonner plus facilement des erreurs commises sur la base de ce sentiment que celles que nous commettons après mûre réflexion.

Autrement dit, nous pardonnons plus facilement à notre intuition qu'à notre raison.

4. **Les ignorances inconnues :** ce que nous ignorons sans le savoir. Il s'agit des risques que nous n'avions pas anticipés parce que nous en ignorions l'existence. Exemple : quand la base militaire de Pearl Harbor fut attaquée par les pilotes kamikazes japonais, en 1941, les États-Unis n'étaient pas préparés car un tel événement était inconcevable. Selon Rumsfeld, il s'agissait, en Irak, du même type de danger « inconcevable ».

Quelle leçon tirer de ce modèle ? Si nous déconseillons à quiconque de faire confiance à Donald Rumsfeld pour l'analyse des risques, la conclusion qu'il a tirée de son expérience mérite d'être retenue : les catastrophes qui nous prennent par surprise résultent d'un manque d'imagination.

Le risque est ce qui reste quand nous croyons avoir tout anticipé.

➥ Voir aussi « La théorie du cygne noir » (p. 112).

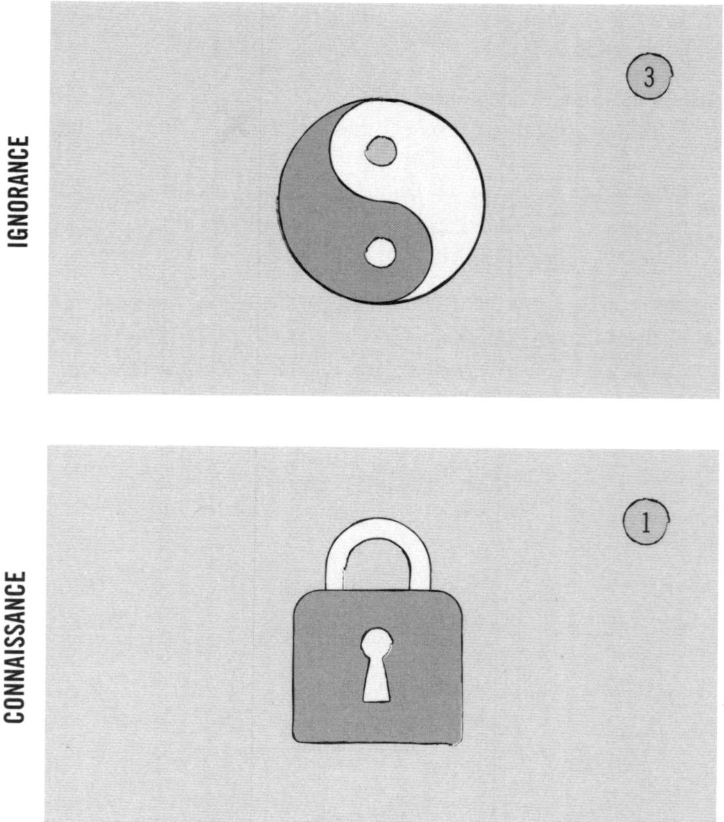

Les ignorances inconnues : l'attaque des Japonais sur Pearl Harbor n'a pas été anticipée par les États-Unis parce qu'elle était tout bonnement inimaginable.

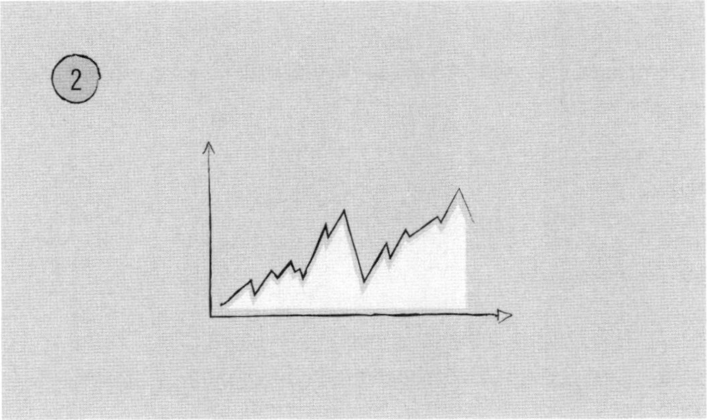

INCONNUE

LE MODÈLE DU GRUYÈRE

COMMENT ON SE TROMPE

Tout le monde fait des erreurs. Certains tirent une leçon de leurs erreurs, d'autres les répètent indéfiniment. Voici ce qu'il faut savoir au sujet des erreurs.

Il existe différentes sortes d'erreurs :

- Les vraies erreurs – apparaissent quand une mauvaise suite d'opérations est effectuée.
- Les ratés – ils sont la conséquence de l'oubli d'une action au sein d'un processus.
- Les dérapages – ils sont la conséquence de l'application erronée d'une mesure correcte.

Il existe différents niveaux d'erreur :

- Au niveau des compétences.
- Au niveau des règles.
- Au niveau des connaissances.

Et il existe différents facteurs qui contribuent à ce qu'une erreur survienne :

- Les personnes impliquées – chef, équipe, collègues, amis.
- Les conditions techniques – équipement, lieu de travail.
- Les éléments relatifs à l'organisation – tâches à réaliser, timing.
- Les facteurs extérieurs – temps, situation économique, ambiance, météo, etc.

L'exemple le plus frappant d'une accumulation d'erreurs est le modèle du gruyère de James Reason (1990). Ce modèle compare les différents niveaux d'erreur avec des tranches de gruyère. Dans un monde parfait, ce fromage n'aurait pas de trous. Dans le monde réel, cependant, ce fromage est coupé en tranches fines comportant chacune plusieurs trous répartis à différents endroits et à différents moments. Une erreur peut passer inaperçue ou n'avoir aucune conséquence grave si cet imprévu ne traverse qu'une couche de fromage. En revanche, elle peut entraîner une catastrophe si les trous des différentes tranches de fromage se superposent et que toutes les mesures de sécurité défaillent simultanément. Ce modèle est fréquemment appliqué à la médecine, par exemple, mais aussi à l'aéronautique – à tous les domaines où l'erreur peut être fatale.

L'expérience est le nom que chacun donne à ses erreurs.

Oscar Wilde

➥ Voir aussi « Le modèle de l'optimisation des résultats » (p. 136).

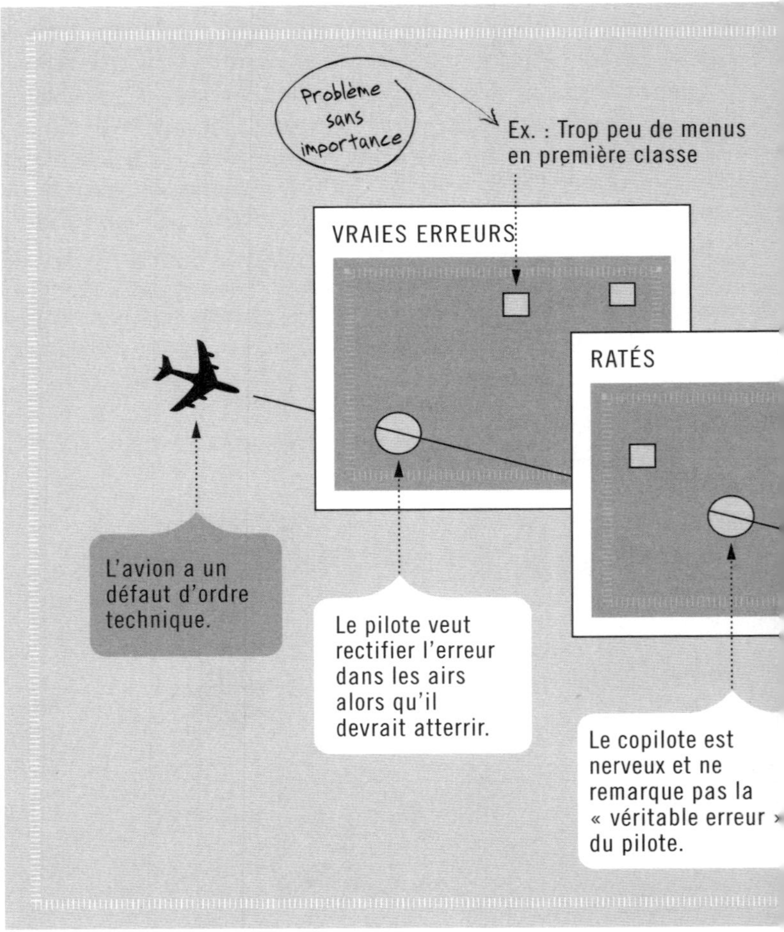

Ce dessin illustre ce qui peut arriver si des erreurs se produisent à trois niveaux différents et où trois « trous dans le gruyère » s'alignent : 1. Le pilote fait une erreur. 2. Le copilote ne réagit pas correctement. 3. Un dérapage se produit pendant qu'on essaie de rectifier l'erreur.

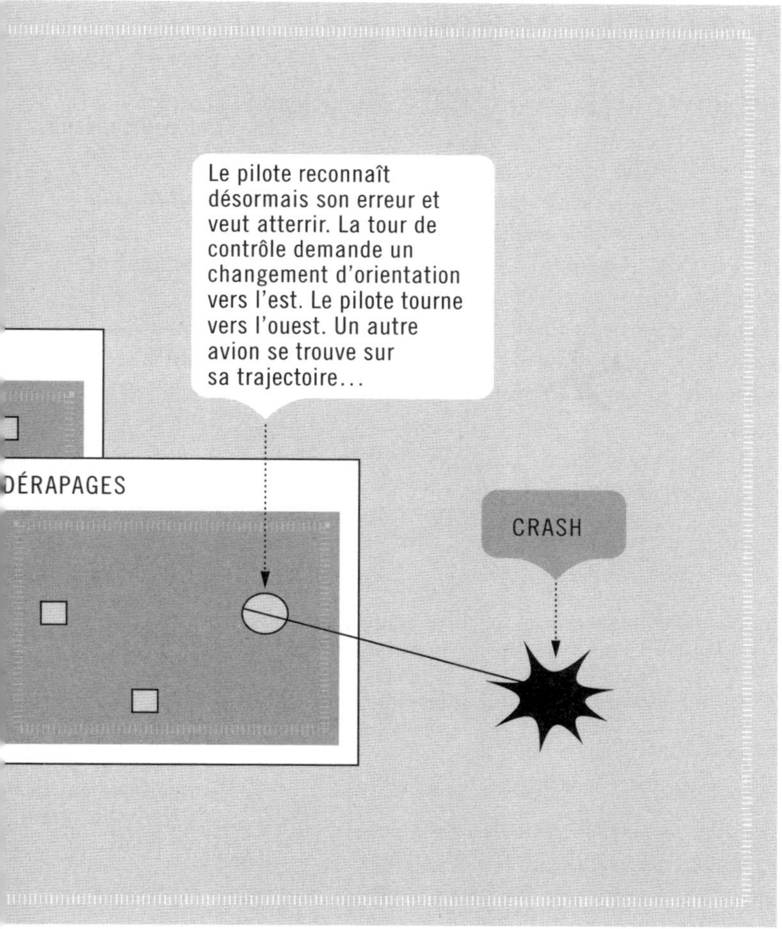

Le pilote reconnaît désormais son erreur et veut atterrir. La tour de contrôle demande un changement d'orientation vers l'est. Le pilote tourne vers l'ouest. Un autre avion se trouve sur sa trajectoire...
DÉRAPAGES
CRASH

LA PYRAMIDE DE MASLOW

CE DONT VOUS AVEZ VRAIMENT BESOIN, CE QUE VOUS VOULEZ VRAIMENT

Le film allemand *Liaisons coupables* (*Hierankl*) s'ouvre sur cette phrase : « Voici les trois questions essentielles : as-tu une vie sexuelle ? As-tu une famille ? Es-tu stimulé intellectuellement ? Trois fois oui, c'est le paradis, deux fois oui, c'est ce qu'il te faut pour être heureux, une fois oui, c'est ce qu'il te faut pour survivre. » Vous pouvez certes vous passer de ce film, mais retenez ces trois questions. En 1943, le psychologue Abraham Maslow a publié un modèle censé décoder les besoins des hommes. Il est arrivé à la répartition suivante – très simplifiée, et pourtant très parlante :

1. Les besoins primaires physiques, appelés besoins physiologiques (se nourrir, dormir, avoir chaud, avoir une vie sexuelle).
2. La sécurité (quelque part où vivre, un emploi fixe, la santé, une protection face au danger).
3. Les relations sociales et le besoin affectif (des amis, un partenaire, un amour).
4. La reconnaissance (le statut, le pouvoir, l'argent).
5. La réalisation de soi (individualité, développement de talents mais aussi foi et transcendance).

Dans les trois premiers points, il s'agit de besoins. À partir du moment où ils sont satisfaits, l'homme s'en désintéresse. Le quatrième et le cinquième points en revanche sont des désirs. On les appelle également besoins de croissance ; ils ne peuvent jamais être entièrement satisfaits. Ce modèle devient intéressant si on confronte la pyramide des besoins à nos envies.

Une règle générale pour le monde occidental : nous désirons le plus ce dont nous avons le moins besoin.

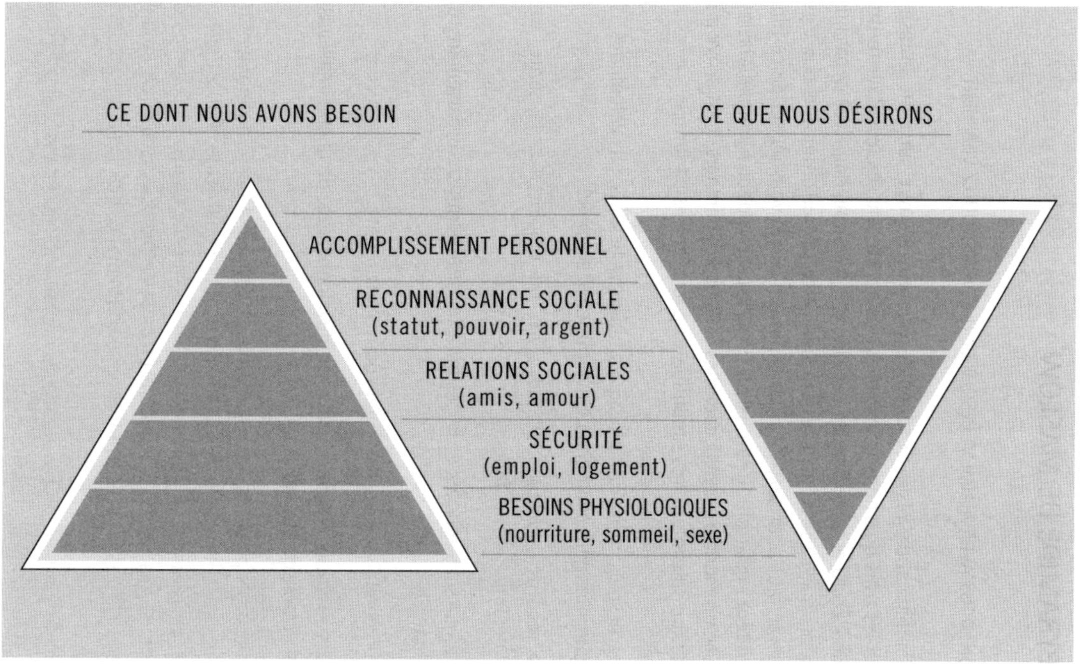

Créez la pyramide de vos besoins personnels : qu'est-ce que vous possédez ? Qu'est-ce qui vous manque ?

LE MODÈLE DE BOURDIEU ET DES « SINUS-MILIEUS »

OÙ EST VOTRE PLACE ?

Le Sinus-Milieus est une méthode psycho-graphique permettant de définir l'appartenance d'un individu à un milieu ou un autre. C'est particulièrement intéressant dans le domaine du marketing, car cela permet de définir des groupes-cibles. L'idée nous vient du sociologue français Émile Durkheim. Sur la double page suivante, vous pourrez en voir une variante sous forme d'axe, plus rarement utilisée et provenant du sociologue Pierre Bourdieu. L'analyse de la consommation culturelle par Bourdieu est une invitation à remettre en question les pratiques et les préférences culturelles que nous considérons comme évidentes.

On critique fréquemment les limites de ce type de segmentation. En effet, celle-ci ne permet pas de répondre à la question : « Où est ma place si mon père était chauffeur de bus, ma mère hippie, que je travaille en tant que styliste et que je fréquente des clubs de chasse pendant mon temps libre ? » Le fait que ce modèle soit si répandu (le second acteur majeur est le modèle limbique de Nymphenburg) est probablement lié à l'habitude de l'utiliser dans les études de marché et en marketing, et du fait qu'on change rarement ses habitudes. Cela nous montre le fait suivant : dès qu un grand nombre de personnes s'est habitué à un système, il est quasiment impossible pour un autre système de s'imposer, même s'il est bien meilleur. Il semblerait que l'habitude soit plus forte que le désir d'amélioration.

Ce qui est à l'origine demeure toujours un à-venir.

Martin Heidegger

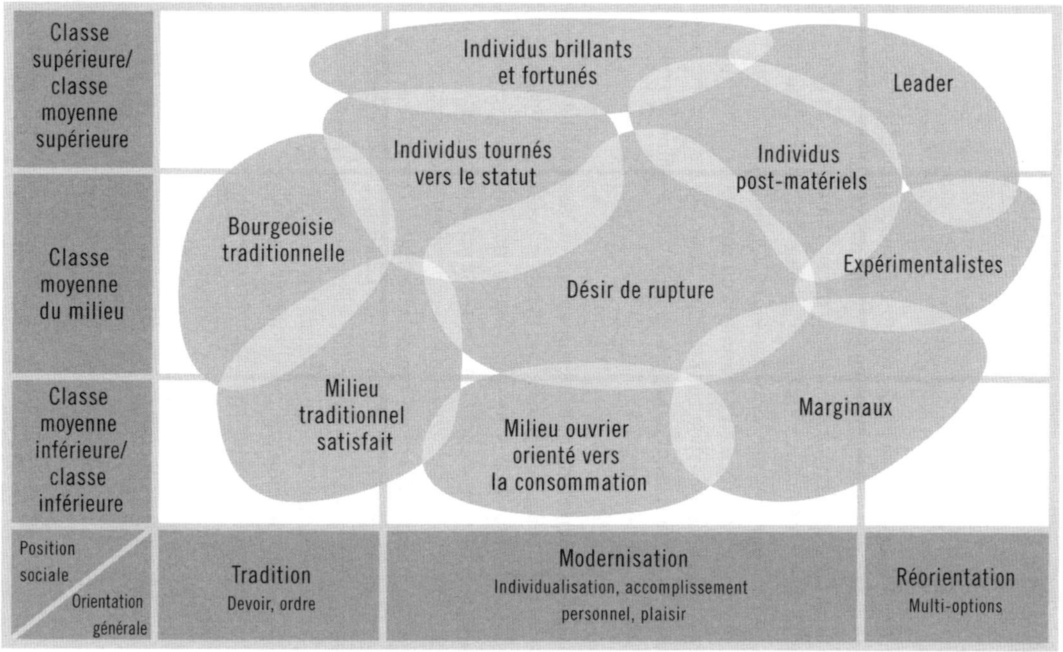

Où vous voyez-vous ? Où voyez-vous vos parents ? Où aimeriez-vous vous voir ?

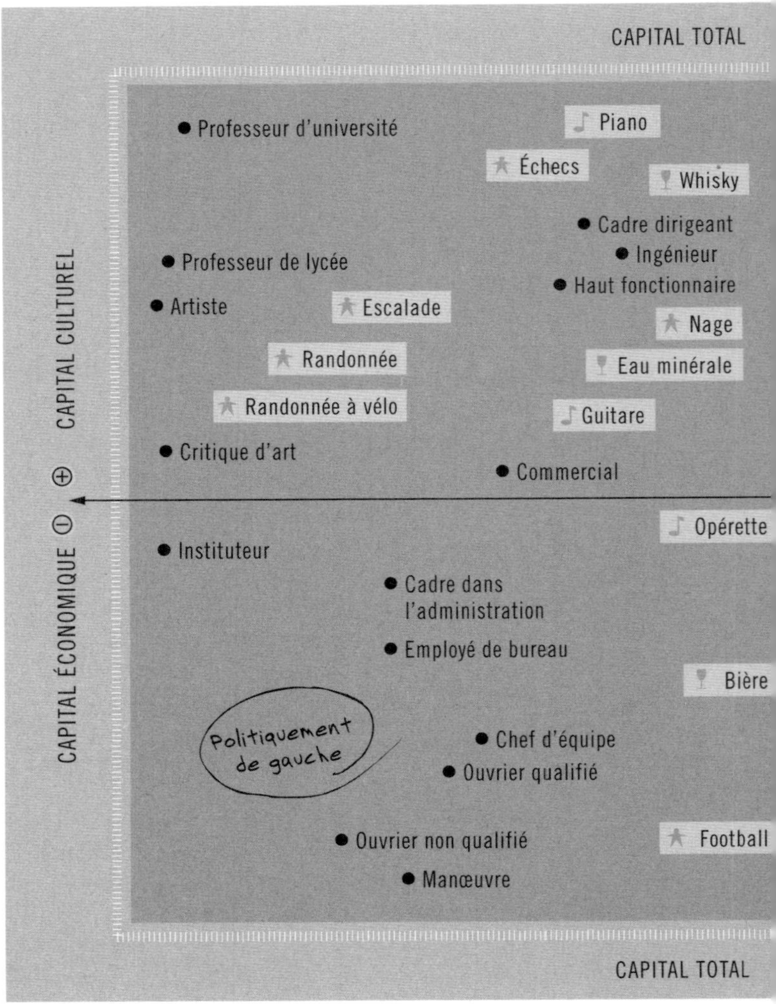

Le modèle de Bourdieu : Où vous voyez-vous ? Où voyez-vous vos parents ? Où aimeriez-vous vous voir ?

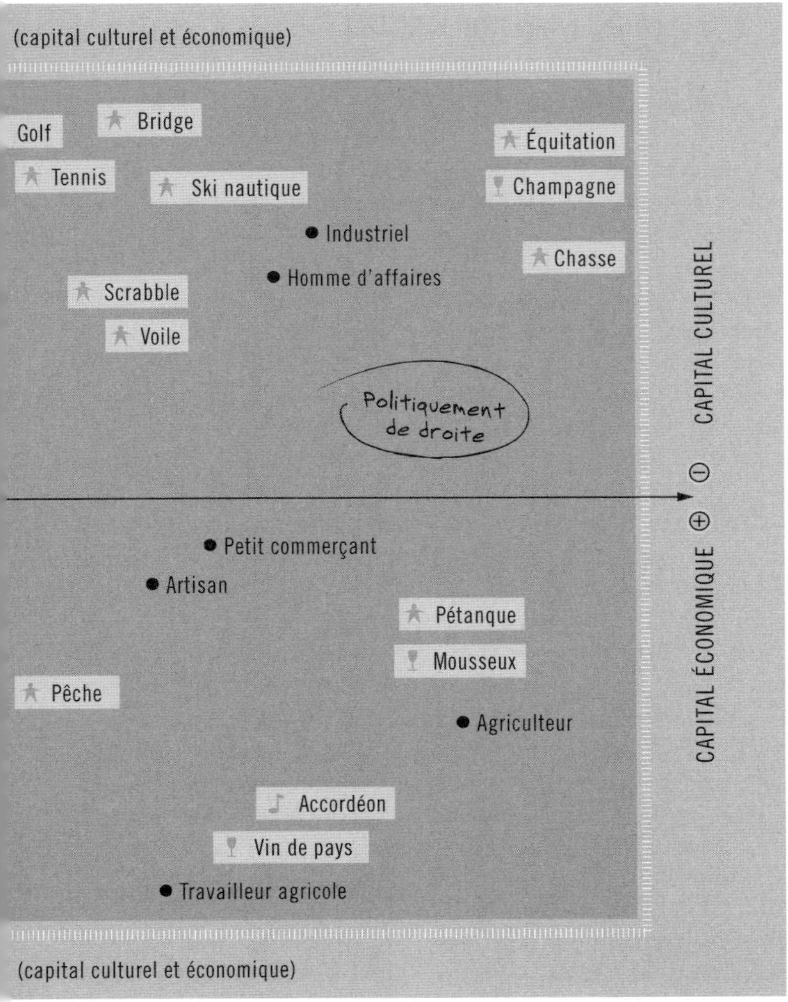
(capital culturel et économique)
Golf
Bridge
Tennis
Ski nautique
Équitation
Champagne
Industriel
Chasse
Homme d'affaires
Scrabble
Voile
Politiquement de droite
CAPITAL CULTUREL
⊖
⊕
CAPITAL ÉCONOMIQUE
Petit commerçant
Artisan
Pétanque
Mousseux
Pêche
Agriculteur
Accordéon
Vin de pays
Travailleur agricole
(capital culturel et économique)

LE MODÈLE DE LA DOUBLE BOUCLE

COMMENT TIRER UNE LEÇON DE SES ERREURS

Le modèle de la double boucle est la capacité à réfléchir sur ses propres agissements et à en tirer des leçons. Cela semble simple, à première vue, et pourtant c'est impossible. Ou presque.

Cette théorie repose sur les travaux des théoriciens des systèmes sociologiques Heinz von Foerster et Niklas Luhmann, et se base sur l'idée d'une « observation de deuxième ordre ». Il ne s'agit pas là à proprement parler d'un modèle, mais plutôt d'une technique pour donneurs de leçons. Comment maîtrise-t-on cette technique si attrayante ? C'est très simple : il suffit d'apprendre à observer des observateurs de premier ordre.

Un observateur de premier ordre voit les choses telles qu'elles se présentent à lui. Pour lui, le monde est tout simplement là. L'observateur de deuxième ordre, en revanche, ramène *ce que* l'observateur de premier ordre voit à *la manière* dont cet observateur de premier ordre voit les choses. Il observe donc une manière d'observer. La manière d'observer est ce qui permet l'observation mais qui n'apparaît pas de manière visible dans l'acte d'observer – une sorte d'angle mort. Analyser l'angle mort d'un individu peut ouvrir des portes aux observateurs de deuxième ordre qui trouveront là de quoi donner de nombreuses leçons. Ainsi l'observateur de deuxième ordre pourra-t-il faire remarquer aux observateurs de premier ordre qu'il est tout aussi possible d'observer les choses d'un autre point de vue, et donc de les voir d'un autre œil.

De ces observations sur l'observation, le psychologue Chris Argyris et le philosophe Donald Schön ont tiré ce modèle de la double boucle. Dans le meilleur des cas, la simple boucle (c'est-à-dire l'observation de premier ordre) est la meilleure pratique. Ce qui fonctionne n'a aucune raison d'être modifié et peut donc être tout simplement répété. Dans le pire des cas, la simple boucle aboutit à de mauvaises pratiques, c'est-à-dire que la même erreur se reproduit ou alors qu'un problème est écarté sans que l'on ait compris pourquoi il était apparu.

La double boucle implique au contraire que l'on questionne ce qu'on a fait et qu'on essaye de briser les schémas auxquels on obéit. Il ne s'agit pas simplement de changer de comportement, mais de s'interroger sur les raisons qui nous ont poussés à agir de la sorte. Quels objectifs, quelles valeurs se cachent derrière nos comportements ? Une fois qu'on a pris conscience de ceux-ci, on a la possibilité de les changer.

Le problème de la double boucle réside dans la divergence existant entre ce que nous prétendons avoir l'intention de faire (« la théorie professée ») et ce que nous faisons vraiment (« la théorie d'usage »). Si nous voulons vraiment changer quelque chose, il ne suffit pas de nous donner de nouveaux objectifs ou d'en imposer à nos collaborateurs, ou encore de dicter un nouveau comportement. Cette manière de procéder ne nous touchera qu'au niveau des commandes (la théorie professée). Le vrai changement n'est possible que si nous révisons nos motivations, nos raisons et nos valeurs plus profondes. Voilà les champs d'action qui agissent sur la théorie d'usage.

Soyez le changement que vous voulez être.

➥ Voir aussi « Le modèle de la boîte noire » (p. 118).

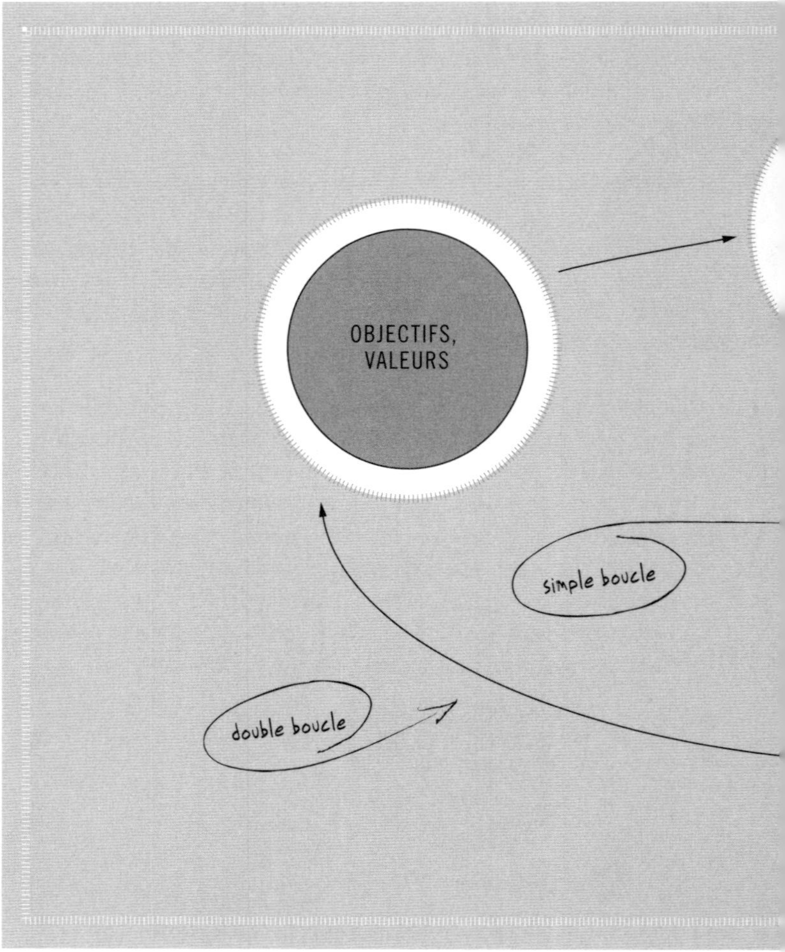

Quand avez-vous pour la dernière fois remis en cause un schéma familier pour faire quelque chose d'une manière vraiment différente ? Quel schéma aimeriez-vous changer ? Qu'est-ce qui vous empêche de le faire ?

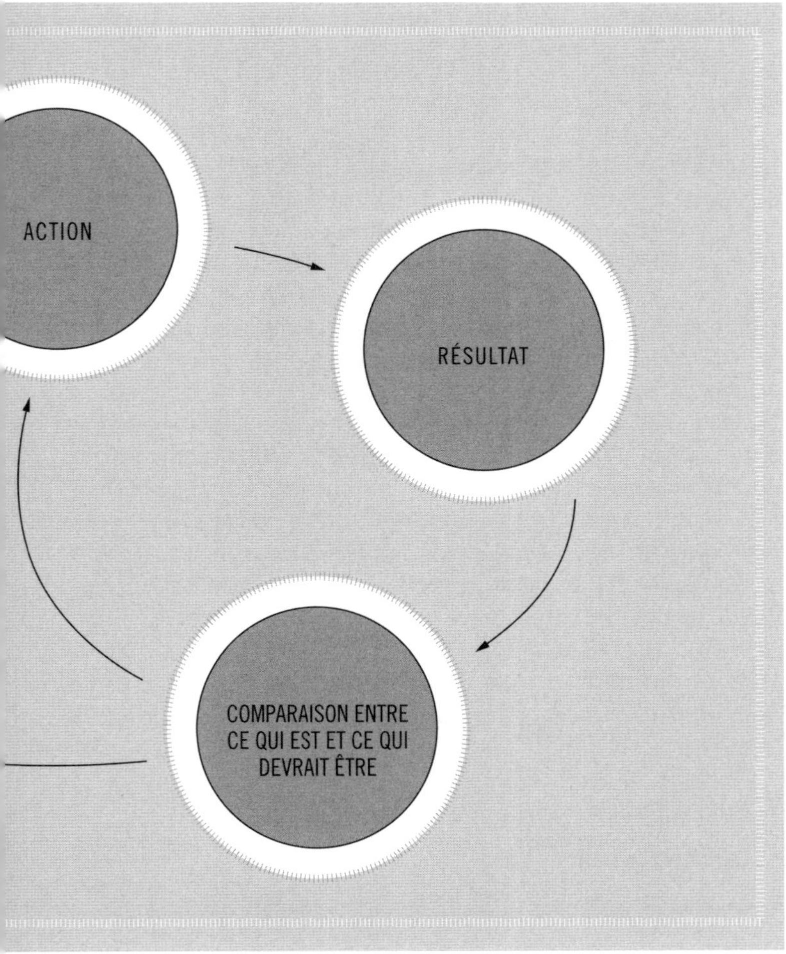
ACTION
RÉSULTAT
COMPARAISON ENTRE
CE QUI EST ET CE QUI
DEVRAIT ÊTRE

LA DÉMARCHE APPRÉCIATIVE

QUEL TYPE D'INTERLOCUTEUR ÊTES-VOUS ?

La démarche appréciative désigne une méthode développée par l'Américain David Cooperrider qui propose de se concentrer sur ses forces, ses qualités, son potentiel en tant que personne ou entreprise, et non pas sur ses faiblesses. Dans ce cas de figure, la traditionnelle question des consultants : « Quel problème avez-vous ? » est remplacée par la question « Qu'est-ce qui fonctionne particulièrement bien, ici ? ». En effet, concentré sur les points faibles, le fonctionnement de type « cherchez l'erreur » reflète un état d'esprit qui donne à l'interlocuteur l'impression que quelque chose ne va pas. Chaque être humain, chaque système, chaque produit, chaque idée comporte des erreurs. Dans le meilleur des cas, cette attitude peut faire prendre conscience des erreurs et engendrer la perfection. La plupart du temps cependant, le fait de se concentrer sur les points faibles étouffe l'ouverture et les attitudes positives qui sont essentielles à un bon travail. En principe, il s'agit davantage de développer une idée qui n'a pas encore été pleinement mûrie plutôt que de l'éliminer de manière précipitée.

Les gens révèlent souvent leur état d'esprit au cours de discussions. À la manière dont ils réagissent à des propositions, on peut différencier quatre types de comportement :

- **Celui qui trouve l'erreur :** « Cette idée est bonne, mais... »
- **Le dictateur :** « Non ! »
- **Le donneur de leçons :** « Non, cette idée n'est pas bonne parce que... »
- **Le penseur positif :** « Oui, et nous pourrions aussi... »

N'importe quel fou peut critiquer. Et beaucoup de fous ne s'en privent pas.

Benjamin Franklin

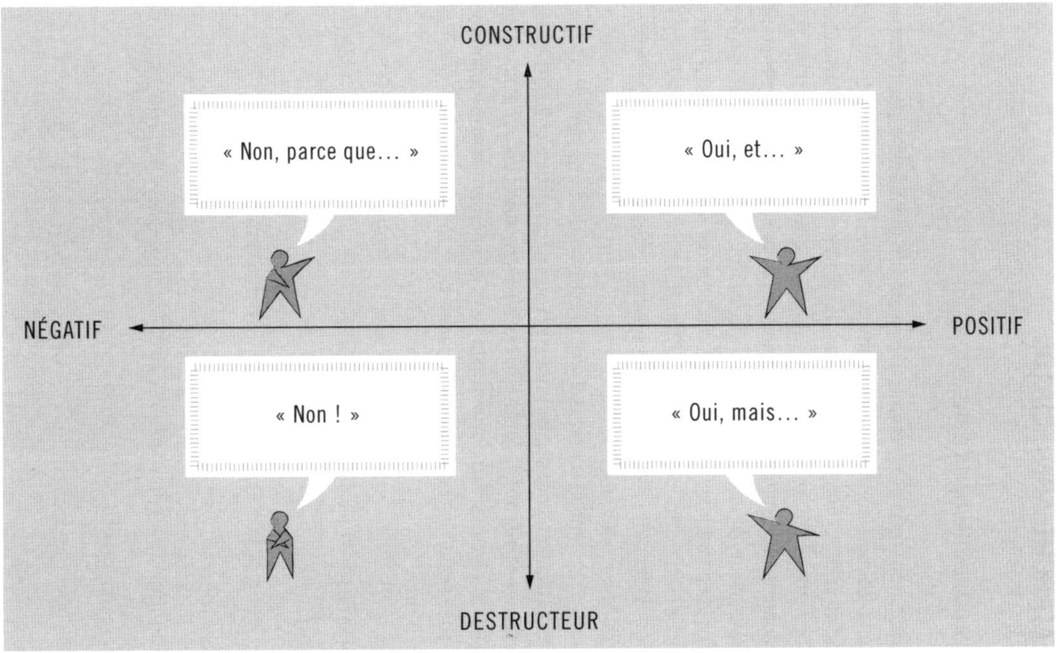

Au cours des prochaines discussions auxquelles vous assisterez, observez la manière dont les interlocuteurs avancent leurs arguments.

LA LOI DE PARETO

POURQUOI OBTIENT-ON 80 % DE RENDEMENT AVEC 20 % D'INVESTISSEMENT ?

Au début du XXe siècle, l'économiste italien Vilfredo Pareto a observé le phénomène suivant : 80 % de la fortune mondiale repose entre les mains de 20 % de la population mondiale. Mais aussi : 20 % des actifs fournissent 80 % du travail. 20 % des criminels provoquent 80 % des crimes. 20 % des Hedge Funds détiennent 80 % de l'argent. 20 % des buveurs consomment 80 % des boissons. Nous portons 20 % des vêtements qui se trouvent dans notre placard et nous passons 80 % de notre temps avec 20 % de nos amis. Lors de réunions, 20 % du temps est consacré à prendre 80 % des décisions, et 20 % de vos clients (produits) sont responsables de 80 % de votre chiffre d'affaires.

Bien entendu, la loi de Pareto ne s'applique pas à tous les cas de figure (les mathématiciens parlent plus volontiers d'une règle de « 64-4 », car 80 % de 80 font 64 et 20 % de 20 font 4). Celui qui, cependant, souhaite planifier son temps de manière optimale doit savoir que 20 % du temps consacré correspond à 80 % des résultats.

Difficile de faire moins.

→ Voir aussi « Le modèle de la longue traîne » (p. 106).

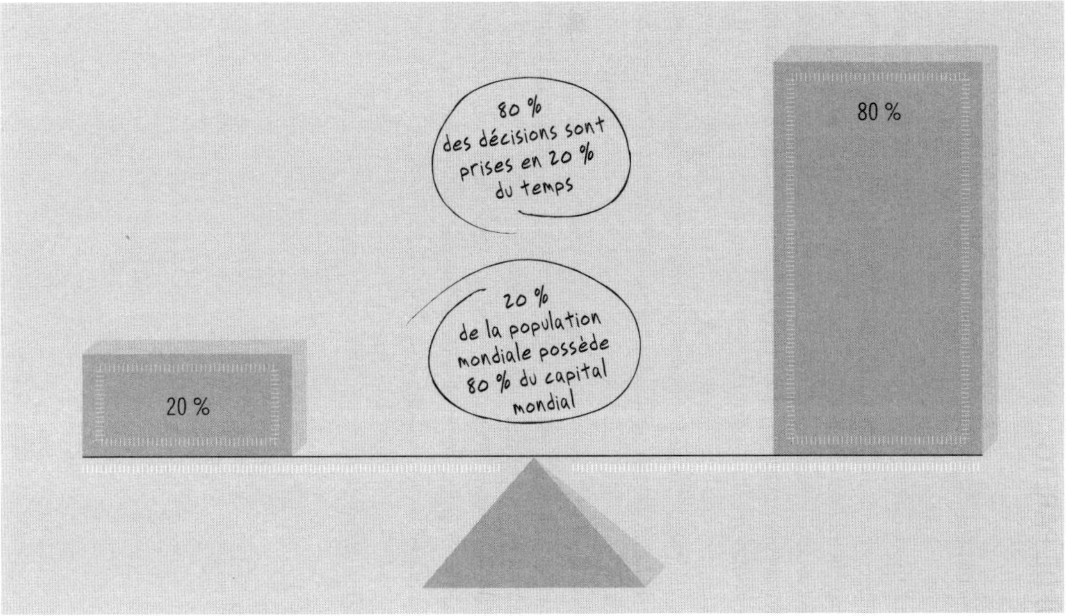

La loi de Pareto décrit le phénomène statistique selon lequel une petite quantité de valeurs élevées apportent davantage à la valeur globale qu'une grosse quantité de petites valeurs.

LE MODÈLE DE LA LONGUE TRAÎNE

COMMENT INTERNET RENVERSE L'ÉCONOMIE

Oubliez tout ce que vous savez de la loi de Pareto – cette idée que 20 % des produits génèrent 80 % du chiffre d'affaires, par exemple. En 2004, le rédacteur en chef du magazine américain *Wired*, Chris Anderson, affirmait que presque tout ce qui se trouve sur Internet se vend, peu importe à quel point cela semble exotique ou superflu. Il semblerait donc que le marché se déplace là où se trouve la diversité plutôt que l'uniformité.

Anderson décrit ce fait à l'aide d'une courbe de la demande. À gauche du champ, la courbe grimpe. Cela correspond aux 20 % de meilleures ventes et de superproductions. Plus on va à droite, plus la courbe redescend doucement. C'est là que l'on trouve les livres et les films les moins appréciés du public. Comparé au pic de gauche, ce segment est beaucoup plus long. Instinctivement, on invoque alors les bases de la loi de Pareto : les 20 % de best-sellers généreraient davantage que les 80 % restants. Mais ces chiffres trahissent autre chose : ce segment (qu'Anderson appelle la longue traîne) génère au contraire davantage de chiffre que les quelques best-sellers. En 2004, cette thèse était aventureuse, voire osée. Aujourd'hui, elle se vérifie dans de nombreux domaines d'activité.

Le moins fait le plus.

➥ Voir aussi « La loi de Pareto » (p. 104).

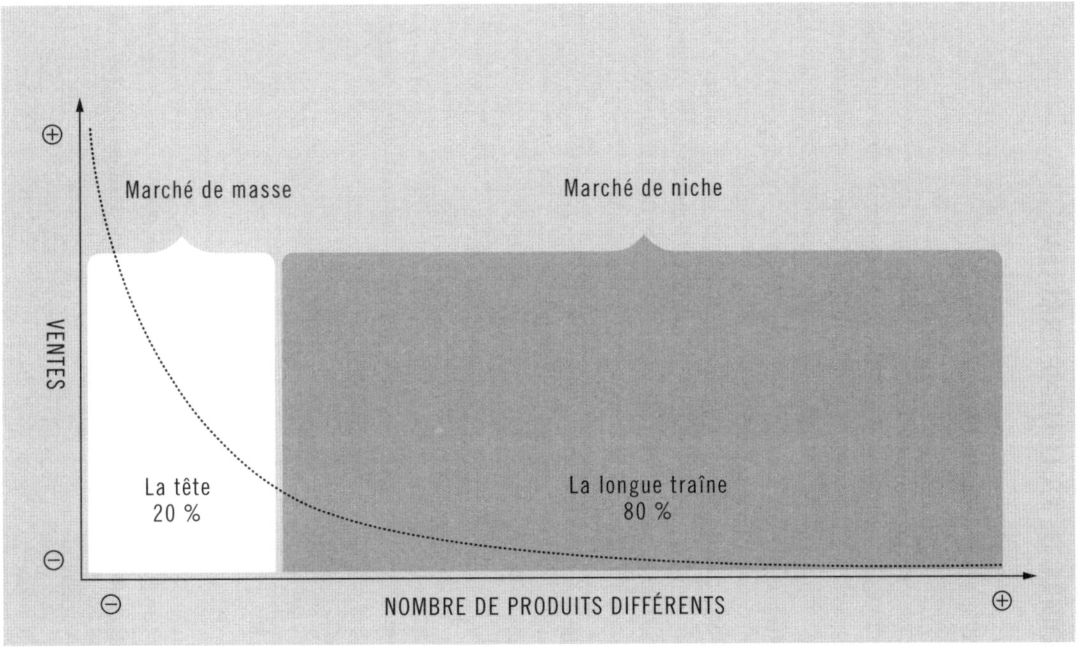

Le marché de masse veut des best-sellers, mais la demande de produits de niche existe néanmoins. La demande individuelle de niche a beau être faible, son accumulation équivaut à davantage que le best-seller.

LE MODÈLE DE RÉSOLUTION DES CONFLITS

COMMENT RÉSOUDRE UN CONFLIT AVEC ÉLÉGANCE

Les psychologues s'accordent sur ce point : il vaut mieux affronter les conflits pour éviter les impasses et réprimandes, et restaurer une communication. Mais la question est : comment ? En principe, il n'existe que six comportements possibles : la fuite, le combat, l'abandon, esquiver ses responsabilités, le compromis, le consensus.

1. **La fuite.** Fuir n'est autre qu'éviter. Cela signifie que le conflit ne sera pas affronté et que la situation restera inchangée. On peut partir du principe qu'aucune des parties n'y trouvera son compte (il s'agit donc d'un rapport « perdant-perdant »).

2. **Le combat.** Celui qui affronte un conflit de manière offensive n'a qu'un objectif en tête : gagner. Mais gagner seul signifie aussi qu'il y aura un perdant. Il s'agit de vaincre son adversaire, de l'anéantir. Dans ce combat s'exprime le désir d'affirmer sa propre position face à la résistance des autres. Le résultat est une situation de « gagnant-perdant ».

3. **Abandonner.** Celui qui abandonne sa position dans un conflit le résout en se retirant – c'est-à-dire en perdant. On se retrouve en situation de « perdant-gagnant ».

4. **Esquiver ses responsabilités.** Celui qui se sent dépassé par un conflit tend souvent à déléguer la prise de décision et donc la confrontation à une autre instance, généralement supérieure hiérarchiquement. Celle-ci se charge donc de résoudre le conflit à sa place, mais pas forcément de manière sage, et pas forcément dans son intérêt. On court alors le risque que les deux parties en ressortent perdantes, « perdant-perdant ».

5. **Le compromis.** Selon les perceptions, le compromis peut représenter une solution acceptable pour les deux parties mais, en général, il laisse

l'impression de n'avoir pas visé la meilleure solution possible mais plutôt l'une des solutions possibles dans la situation donnée (« gagnant-perdant/gagnant-perdant »).

6. **Le consensus.** Le consensus repose sur une solution nouvelle et développée en commun. Au contraire du compromis, les deux parties la ressentent généralement comme une situation « gagnant-gagnant » parce que personne n'est contraint de lâcher du terrain mais qu'elles trouvent ensemble une troisième voie possible.

Nos échecs ne sont pas nos défaites mais les combats que nous n'avons pas menés.

Graffiti sur le mur d'un centre pour la jeunesse de Berne, en Suisse.

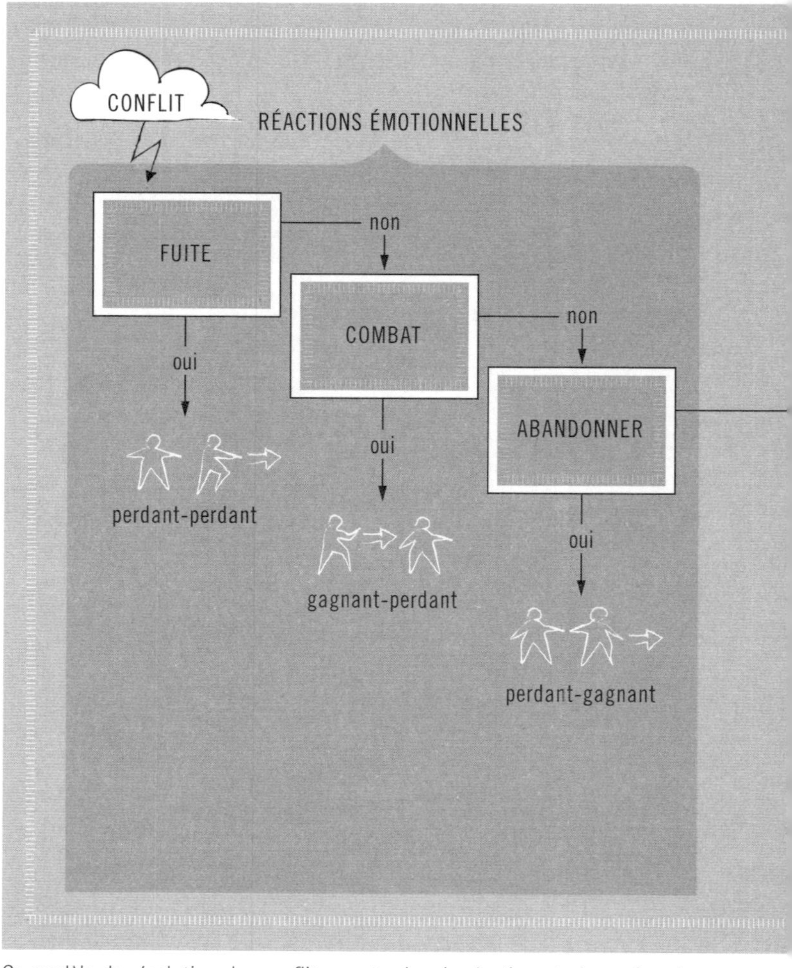

Ce modèle de résolution des conflits montre les six réactions typiques face à un conflit. À quel type vous identifiez-vous ? Et votre compagne ou votre compagnon ? Et votre adversaire ?

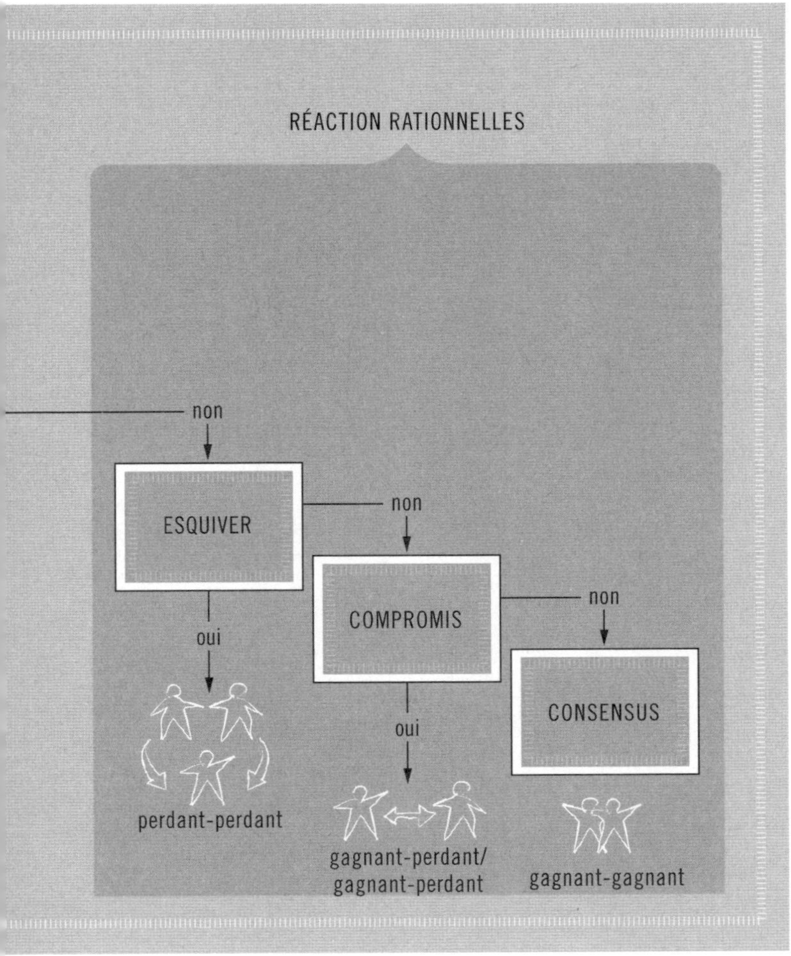
RÉACTION RATIONNELLES
non
ESQUIVER
non
oui
COMPROMIS
non
oui
CONSENSUS
perdant-perdant
gagnant-perdant/
gagnant-perdant
gagnant-gagnant

LA THÉORIE DU CYGNE NOIR

POURQUOI VOTRE EXPÉRIENCE NE VOUS REND PAS PLUS MALIN

Trois questions à l'homme pensant : d'où savons-nous ce que nous savons ? Est-ce que le passé peut nous permettre de tirer des conclusions sur notre futur ? Pourquoi ne nous attendons-nous jamais à l'imprévu ?

Dans son ouvrage *Problèmes de philosophie* paru en 1912, le philosophe Bertrand Russell a répondu de la manière suivante à ces trois questions : un poulet qui reçoit des graines tous les jours va partir du principe qu'il recevra également des graines les jours suivants. Sa foi dans le fait que l'homme lui veut du bien se fortifie. Rien, dans la vie du poulet, n'indique qu'il sera un jour abattu.

Nous aussi devons accepter que les plus grosses catastrophes nous prennent généralement par surprise. « Il est recommandé d'interroger régulièrement les choses que l'on considère comme évidentes. »

Un exemple : lorsque deux Boeing ont foncé sur les tours du World Trade Center, l'opinion publique a été sous le choc – rien ne semblait annoncer qu'un tel événement menaçait de se produire. Pendant les semaines et les mois qui ont suivi le 11 septembre 2001, pourtant, on a peu à peu acquis le sentiment que tout convergeait vers cet attentat.

L'auteur libanais à succès Nassim Nicholas Taleb appelle ce phénomène – c'est-à-dire notre incapacité à tirer de notre passé des leçons pour notre avenir – le « cygne noir ». Dans le monde occidental, on est toujours parti du principe que les cygnes étaient blancs. Jusqu'à ce que des scientifiques découvrent au XVIIe siècle, en Australie, l'existence d'une espèce de cygnes de couleur noire. Ce qui était impensable jusque-là devenait soudain évident.

La théorie du cygne noir de Taleb n'est pas un modèle au sens propre, c'est un rejet du principe de cause à effet. C'est également une mise en garde contre le fait que nous avons tendance à nous accrocher tout particulièrement aux piliers qui vacillent.

Quels ont été les cygnes noirs, les événements inattendus dans votre vie, et quand sont-ils survenus ?

➥ Voir aussi « La matrice de Rumsfeld » (p. 84) et « Le modèle de la boîte noire » (p. 118).

LE MODÈLE DE LA DIFFUSION

POURQUOI TOUT LE MONDE POSSÈDE UN IPOD

Comment se fait-il que certaines idées, parfois stupides, s'imposent et deviennent des tendances alors que d'autres ne connaissent qu'un épanouissement éphémère avant de disparaître, rejetées par le public ?

Le sociologue Everett Rogers appelle « diffusion » l'art et la manière dont une idée ou un produit se répand au sein de la population. L'une des célèbres études concernant la diffusion est l'analyse de Bruce Ryan et Neal Gross sur la propagation du maïs hybride à Greene County, Iowa, au cours des années 1930. Cette nouvelle variété de maïs était en tous points supérieure aux variétés préexistantes. Pourtant, il fallut attendre vingt-deux ans avant qu'elle ne s'impose dans l'agriculture.

Les chercheurs spécialisés dans les phénomènes de diffusion ont appelé les paysans qui étaient passés au nouveau maïs dès 1928 des « innovateurs ». Le groupe un peu plus large qui s'est laissé convaincre par ces derniers constitue les avant-gardistes (ou « *early adopters* » en anglais). Dans les communautés, ceux-ci étaient considérés comme des leaders d'opinion, des personnes respectées qui se tenaient au fait des expériences des innovateurs et ralliaient leurs rangs. Ce n'est qu'à la fin des années 1930 que la « masse sceptique », constituée de ceux qui n'adoptaient aucun changement avant que les agriculteurs les plus prospères ne leur aient donné l'exemple, suivit le mouvement. Pourtant, eux aussi finirent par se laisser contaminer par le virus du maïs hybride et le transmirent finalement aux « retardataires ».

Représenté sous forme de graphique, ce développement décrit une courbe épidémique parfaite. Elle commence par une ascension en pente douce et atteint ensuite le point reconnu comme critique pour chaque nouvelle marque, que de nombreux produits ne dépassent pas : celui du passage des avant-gardistes à la majorité. D'après le sociologue américain Morton Grodzins, si les avant-gardistes parviennent à enjamber le gouffre qui les sépare de la majorité, le cycle épidémiologique atteint le point de basculement. À partir de ce point, la courbe suit une ascension décisive si la majorité adopte le produit, ou chute si seuls quelques traînards l'adoptent. Dans le domaine des technologies innovantes telles que l'iPod ou l'iPhone, le cycle décrit ci-dessus est de plus en plus court. Il est par ailleurs intéressant de constater que les avant-gardistes se détournent du produit dès que celui-ci atteint la majorité et le grand public.

D'abord ils vous ignorent, ensuite ils vous raillent, ensuite ils vous combattent et enfin, vous gagnez.

Gandhi

➥ Voir aussi « Le modèle de la longue traîne » (p. 106), « La loi de Pareto » (p. 104).

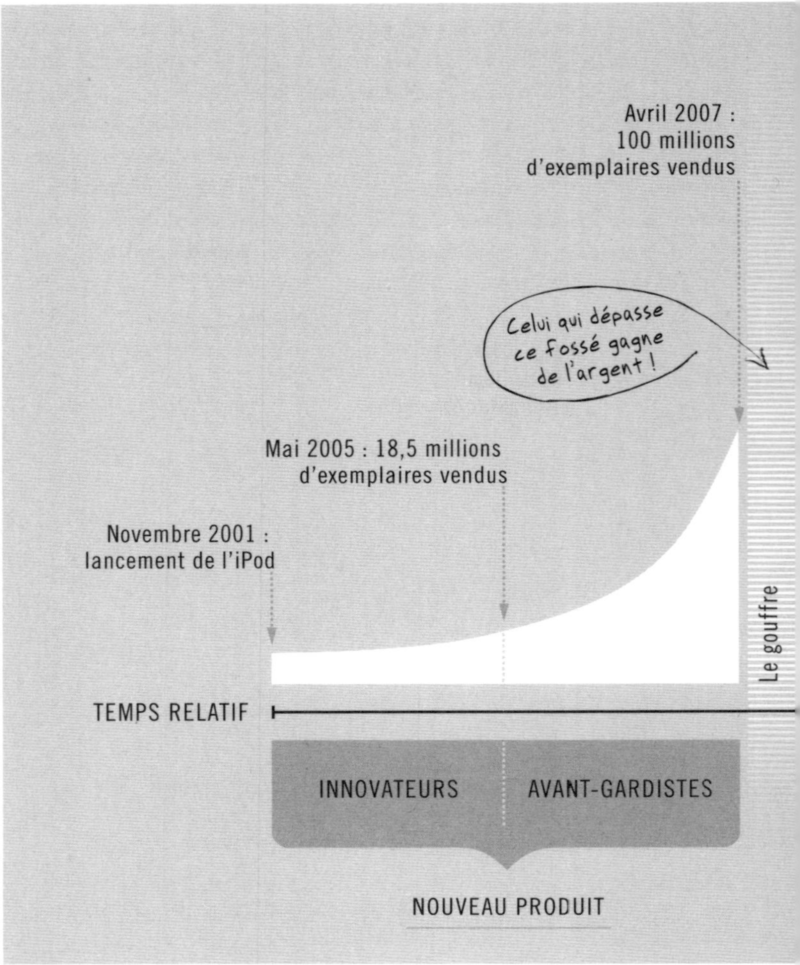

Ce modèle, établi d'après l'exemple de l'iPod, montre la courbe typique suivie par l'introduction d'un nouveau produit sur le marché. Inscrivez sur celle-ci la date à laquelle vous vous êtes acheté un iPod.

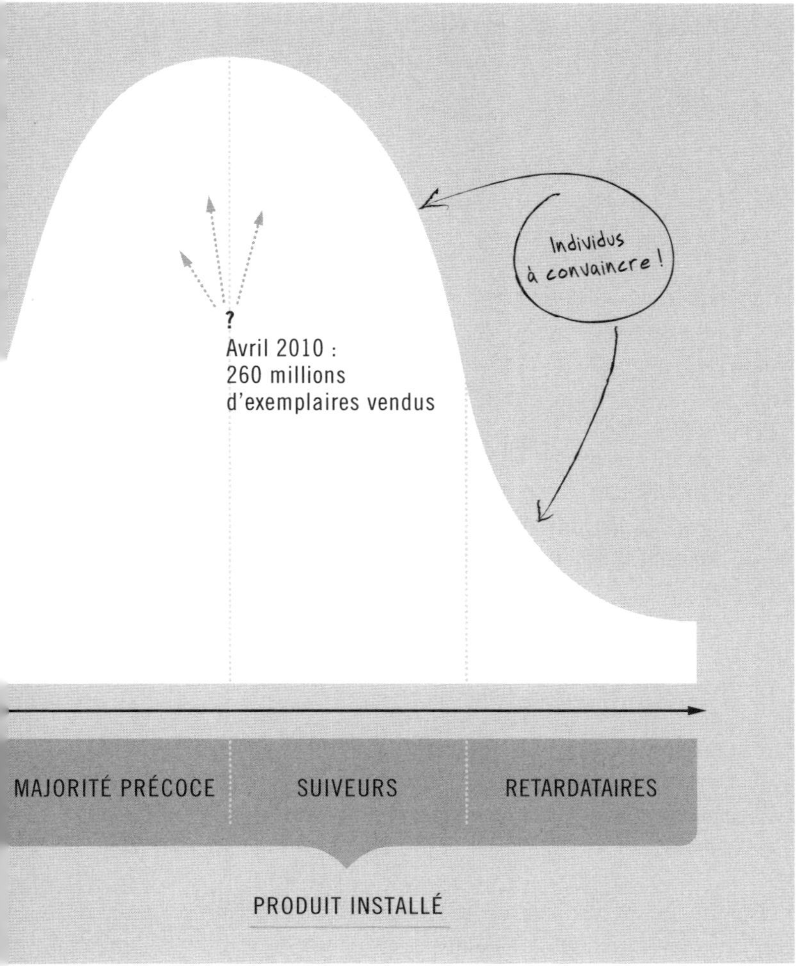
Individus à convaincre !
?
Avril 2010 :
260 millions d'exemplaires vendus
MAJORITÉ PRÉCOCE
SUIVEURS
RETARDATAIRES
PRODUIT INSTALLÉ

LE MODÈLE DE LA BOÎTE NOIRE

POURQUOI LA FOI VA REMPLACER LE SAVOIR

Une chose est claire : notre monde devient de plus en plus compliqué. Noir et blanc, bien et mal, faux et vrai ont été remplacés par des structures compliquées où tout le monde se perd.

À mesure que le rythme s'accélère et que la complexité augmente, ce que nous savons vraiment – c'est-à-dire ce que nous avons analysé et compris – se réduit comme peau de chagrin. Dans les années 1980, les professeurs essayaient encore de faire comprendre à leurs élèves comment fonctionnaient les ordinateurs (avec le code binaire 1 et 0). Aujourd'hui, il est presque communément accepté que nous ne comprenons pas la plupart des choses qui nous entourent et dont nous nous servons (smartphone). Et quand bien même quelqu'un tenterait de nous expliquer le code ADN il est probable que nous serions dépassés par ses explications. Qu'est-ce que cela signifie ?

Plus le temps passe, plus nous sommes entourés de boîtes noires, de structures complexes que nous ne comprenons pas, même quand on nous les explique. Sans connaître les processus internes aux boîtes noires, nous intégrons les résultats obtenus dans nos réflexions. La part qui comprend ce que nous devons tout simplement croire sans en connaître l'explication grandit de plus en plus. Ainsi, nous tendons à accorder plus d'importance aux personnes qui nous expliquent quelque chose plutôt qu'aux explications elles-mêmes.

À l'avenir, la norme sera donc de faire davantage appel à des images et des émotions pour étayer nos propos qu'à des arguments.

➥ Voir aussi « La théorie du cygne noir » (p. 112).

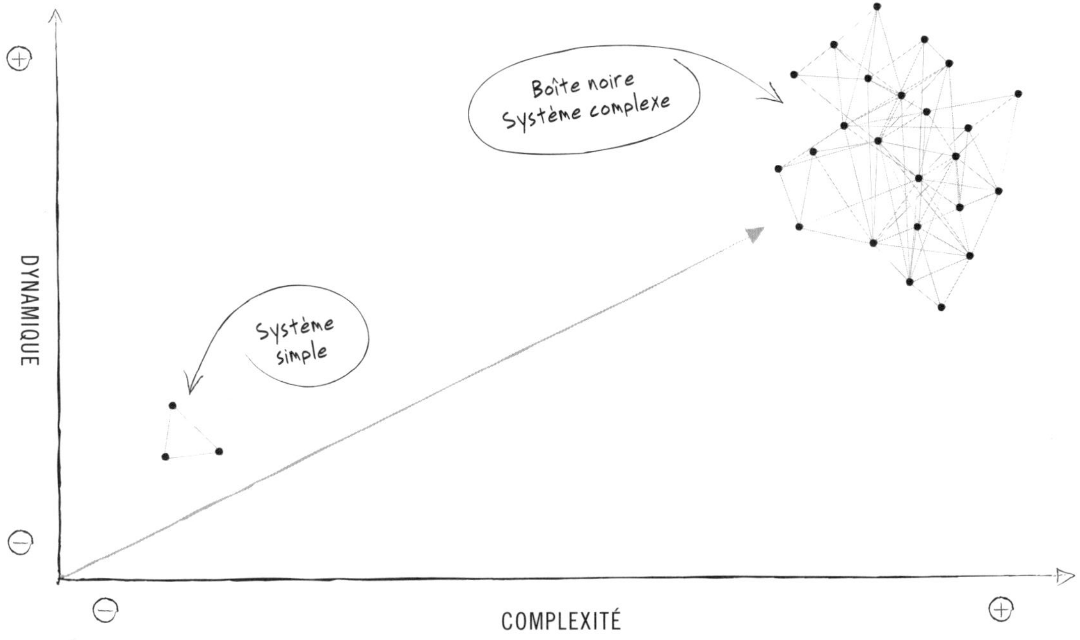

Le rythme de la plupart des processus s'accélère à mesure qu'ils deviennent plus complexes. Il est de plus en plus fréquent que nous n'en comprenions pas même les explications.

LE DILEMME DU PRISONNIER

QUAND LA CONFIANCE EST RENTABLE

La *vox populi* dit : si tu comptes sur les autres, tu es perdu.

Mais est-ce que cela correspond à la réalité ? Tentons l'aventure avec un petit exercice intellectuel.

Deux prisonniers sont accusés d'être impliqués dans le même délit. La peine maximale pour ce délit est de dix ans. Ils sont enfermés dans des cellules différentes mais on leur propose le même marché : si l'un d'entre eux avoue en impliquant son complice, il sera récompensé par une libération sans peine – son complice, en revanche, devra purger une peine de dix ans. Si tous deux décident de se taire, il ne restera plus que les preuves à charge qui suffisent cependant à faire incarcérer les deux hommes pendant deux ans. Si, au contraire, les deux hommes avouent leur délit, ils purgeront chacun une peine de cinq ans. Ils n'ont aucun moyen de se concerter. Comment réagiriez-vous ? En d'autres termes : est-il rentable pour vous de faire confiance à votre prochain ?

Ce « dilemme du prisonnier », qui illustre un problème issu de la théorie du jeu, met en scène une situation artificielle de dilemme, dans laquelle les deux protagonistes y perdraient (en écopant chacun de cinq ans) s'ils optaient pour la solution la plus évidente – celle de leur propre avantage. Si, en revanche, ils misaient sur le silence de leur complice, ils s'en sortiraient bien mieux (deux ans chacun). Attention : si l'autre avoue, l'un écope de dix ans et celui qui a avoué est libéré.

En 1979, le politologue Robert Axelrod a mis en concurrence quatorze scientifiques qui ont testé le dilemme du prisonnier 200 fois pour trouver la meilleure stratégie à adopter.

Le résultat de cette étude a été le suivant : 1. Dans un premier temps, il faudrait coopérer avec son complice. 2. Ensuite, il faudrait faire ce que son complice a fait au cours du premier temps.

En ce qui concerne la confiance, la *vox populi* s'impose donc : œil pour œil, dent pour dent.

Vous ne pouvez pas serrer la main avec un poing fermé.
Indira Gandhi

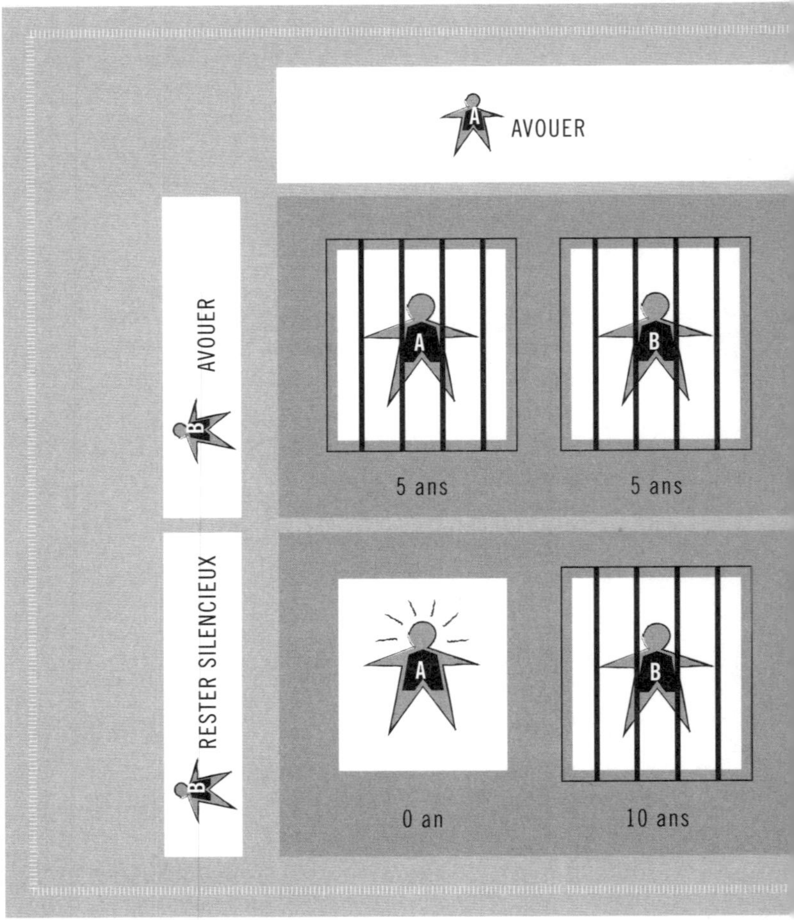

Votre complice et vous-même vous trouvez devant le tribunal. Si l'un d'entre vous avoue, l'autre écopera d'une peine de dix ans. Si vous vous taisez tous les deux, vous aurez tous deux une peine de deux ans. Si vous avouez tous deux, vous aurez tous deux une peine de cinq ans. Vous n'avez pas le droit de vous concerter. Comment réagiriez-vous ?

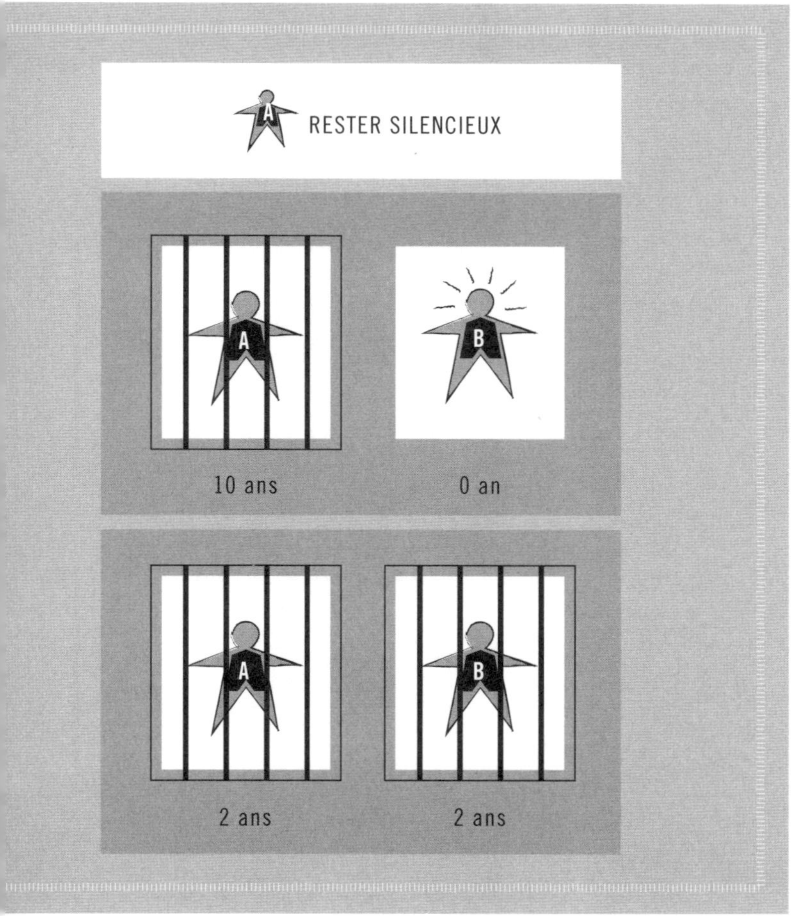
RESTER SILENCIEUX
A
A
B
10 ans
0 an
A
B
2 ans
2 ans

COMMENT POUSSER LES AUTRES À S'AMÉLIORER

LE MODÈLE DE L'ÉQUIPE

COMMENT RECONNAÎTRE SI VOTRE ÉQUIPE VAUT QUELQUE CHOSE

Peu importe que vous dirigiez un jardin d'enfants ou l'équipe nationale de football, que vous fondiez une entreprise ou une association, vous serez confronté aux mêmes questions : est-ce que je dispose des bonnes personnes pour ce projet ? Est-ce que nos compétences correspondent à nos objectifs ? Est-ce que nous sommes capables de faire ce que nous voulons ?

Le modèle de l'équipe figurant ci-contre vous aide à apprécier votre équipe. Définissez tout d'abord les capacités, les compétences et les ressources qui vous semblent importantes pour votre projet. Établissez la liste des compétences qui vous semblent absolument nécessaires. Faites bien la différence entre les qualités humaines (comme la loyauté, la motivation, la fiabilité) et les compétences techniques (les connaissances informatiques, économiques ou linguistiques). Définissez où se trouve votre barrière critique. Notez maintenant vos « joueurs » d'après ces critères et sur une échelle de 1 à 10. Reliez les points avec des traits. Où sont les faiblesses, où sont les forces de votre équipe ?

Plus encore que le modèle en lui-même, c'est la discussion occasionnée par cette autoévaluation qui sera révélatrice. Une bonne équipe doit être en mesure d'évaluer assez justement ses propres performances.

Attention ! La vraie force réside dans la différence et non dans les points communs.

Les meilleurs directeurs sont ceux qui savent choisir les bonnes personnes pour faire ce qui doit être fait et se retenir de trop se mêler de ce qui est fait.

Theodore Roosevelt

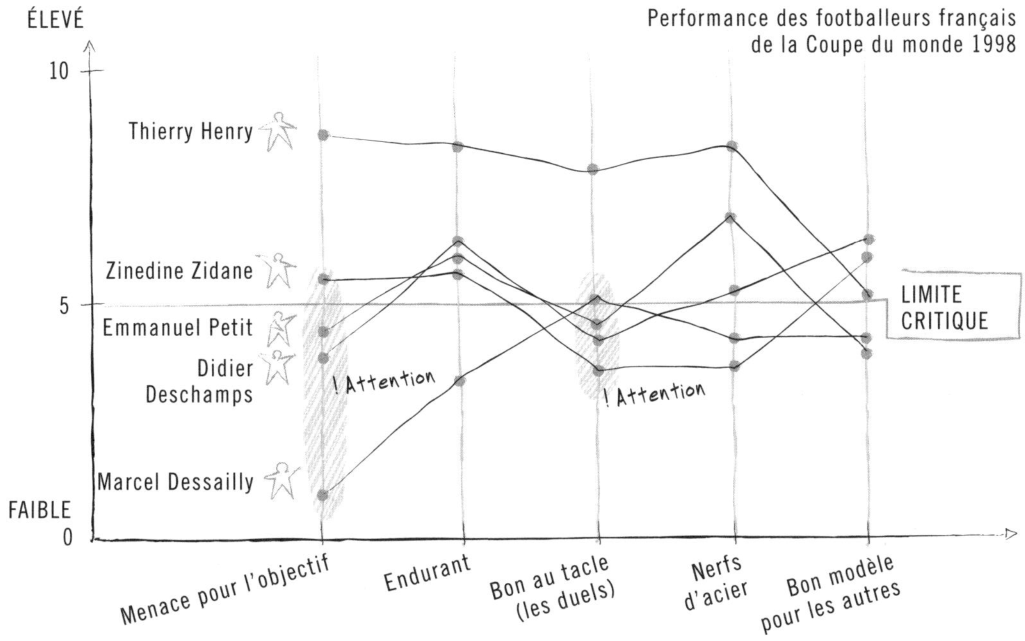

Notez vos collaborateurs en fonction de ces critères. Demandez ensuite à chaque équipier de s'évaluer lui-même. Est-ce que les courbes divergent ?

LES STYLES DE MANAGEMENT

COMMENT DIRIGER CORRECTEMENT UNE ÉQUIPE

Au cours des cent dernières années, le management a suivi des directions assez différentes. L'homme est une machine et c'est ainsi qu'il doit être traité (Taylor, Ford). L'excellence des résultats dépend d'abord des facteurs sociaux et des relations humaines plutôt que de règlements ou de conditions rigides de travail (Hawthorne). Les organisations peuvent se réguler d'elles-mêmes (Clark, Farley). Ou encore : le management stratégique, c'est-à-dire la répartition des organisations en activités de base et activités de soutien, mènerait au succès (Porter).

Selon Paul Hersey et Kenneth Blanchard, il s'agit surtout d'adapter son management à une situation donnée.

Ce modèle de management situationnel différencie les étapes suivantes :

1. **Directif.** À peine embauché, l'employé a besoin d'une direction forte. Étant nouveau, son engagement est élevé mais ses compétences professionnelles encore faibles. L'employé reçoit donc des directives, des instructions et des consignes.

2. **Persuasif.** Les compétences professionnelles de l'employé se sont améliorées. Le stress et la disparition de l'euphorie des débuts atténuent cependant la motivation et l'engagement. Il s'agit alors de poser des questions auxquelles l'employé répondra par lui-même.

3. **Participatif.** Les compétences professionnelles se sont nettement améliorées. La motivation est variable : soit elle a continué à chuter (l'employé démissionne), soit elle a augmenté grâce à l'autonomie gagnée par l'employé (ses idées ont rencontré l'approbation de ses supérieurs).

4. **Délégatif.** L'employé est pleinement compétent dans ses tâches. Sa motivation est forte. Il se voit confier des projets personnels et mène sa propre équipe.

Dirigez vos employés de manière à ce que vous-même deveniez superflu. Dirigez-les de manière à ce qu'ils deviennent suffisamment bons pour pouvoir prendre un jour la direction des opérations.

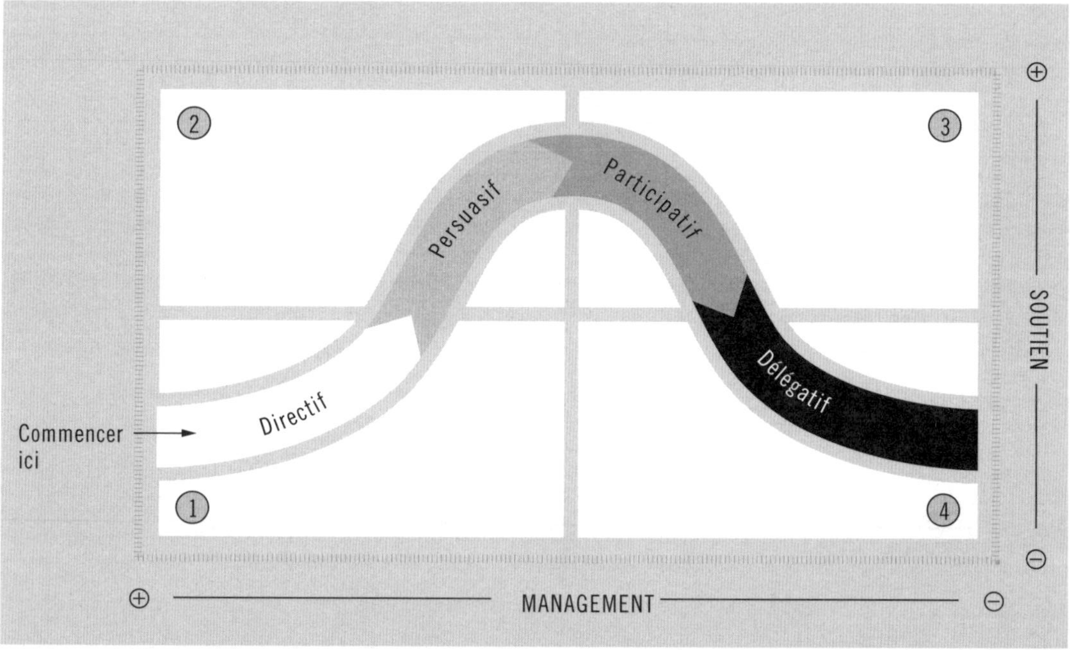

Lisez ce graphique de gauche à droite : les nouveaux employés doivent d'abord être dirigés, ensuite coachés puis supportés avant qu'on puisse vraiment leur déléguer une mission.

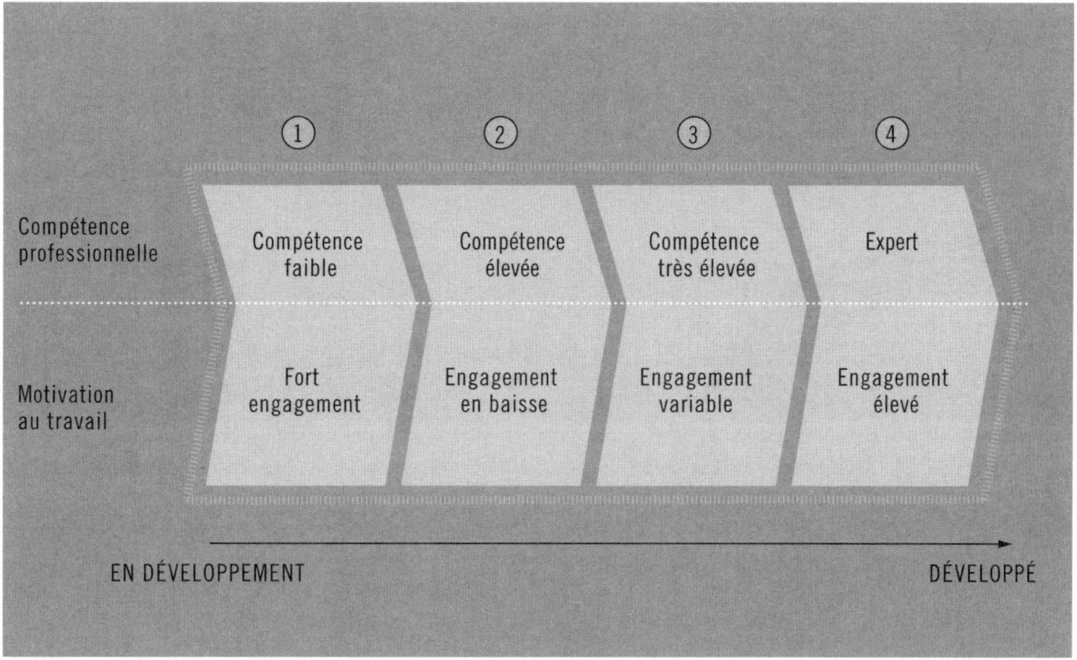

Lisez ce tableau de gauche à droite : le rapport entre les compétences et la motivation sur une courbe.

LE MODÈLE DES RÔLES

COMMENT CHANGER SON POINT DE VUE

Lorsque le pape de la créativité Edward de Bono a présenté ses « six chapeaux de la réflexion » (*Six Thinking Hats*), en 1986, certains critiques ont affirmé avec dédain qu'il ne s'agissait que de théâtre. De Bono avait eu l'idée d'attribuer temporairement aux membres d'un groupe de travail un mode de pensée unidimensionnel. Aujourd'hui, sa technique est presque unanimement acceptée, et il n'est pas rare que l'on se réfère aux six chapeaux de De Bono pour des techniques de management d'équipe ou d'organisation de réunions, afin d'accroître la communication et de mettre en place un accès à la fois ludique et sérieux au sujet de discussions.

On procède de la sorte : une idée ou une stratégie est l'objet d'une discussion entre les différents intervenants de la réunion. Au cours de cette discussion, les intervenants adoptent à chaque fois l'un des six points de vue différents. La couleur des chapeaux correspond à la position qu'ils défendent (il est important que tous les participants portent le même chapeau en même temps) :

- **Le chapeau blanc :** la pensée analytique et objective. Il s'agit de faits, de faisabilité.
- **Le chapeau rouge :** la pensée émotionnelle, l'impression subjective, les sentiments et les opinions.
- **Le chapeau noir :** la pensée critique, l'évaluation des risques et des problèmes, scepticisme, critique.
- **Le chapeau jaune :** la pensée optimiste, spéculation sur le meilleur scénario possible.
- **Le chapeau vert :** la pensée créative et associative, les idées innovantes et constructives.

- **Le chapeau bleu :** la pensée structurante et modératrice, la vue d'ensemble sur les processus, la vision d'ensemble.

Attention ! Un animateur doit diriger la réunion et contrôler attentivement la bonne répartition des rôles.

Les équipes homogènes, c'est-à-dire les équipes dont les membres ont des points de vue et des traits de caractère similaires, fonctionnent généralement moins bien. Dans les années 1970, Meredith Belbin analysa les individus, le développement des personnalités et leur influence sur les processus de groupe. Ces observations lui permirent de déterminer neuf profils différents, répartis en trois groupes :

- Orientés vers l'action : les exécutants, les réalisateurs, les finisseurs.
- Orientés vers la communication : les coordinateurs, les coéquipiers, les pionniers.
- Orientés vers le savoir : les inventeurs, les observateurs, les spécialistes.

Si vous avez une bonne idée mais que vous craignez qu'elle rencontre une opposition farouche, procédez de la façon suivante : essayez d'amener vos interlocuteurs à formuler seuls l'idée que vous avez eue. Plus un individu a l'impression d'avoir apporté lui-même cette idée, plus il la défendra avec passion. En revanche, si personne n'a la même idée que vous, il est probable que celle-ci ne soit pas si bonne.

➥ Voir aussi « Le modèle de la performance de l'équipe » (p. 140).

RÔLE AU SEIN DE L'ÉQUIPE	APPORT
Exécutant	Met les projets à exécution
Réalisateur	Surmonte les obstacles
Finisseur	Assure des résultats optimaux et jusqu'au bout
Coordinateur	Favorise les processus de décision, délègue
Coéquipier	Améliore la communication, motive
Pionnier	Analyse des possibilités, développe des contacts
Inventeur	Apporte de nouvelles idées
Observateur	Analyse la faisabilité
Spécialiste	Fournit une expertise

Au cours des années 1970, Meredith Belbin analysa plusieurs types de personnalités en fonction de leur efficacité au sein de l'équipe. Il identifia ainsi 9 rôles différents au sein d'une équipe.

CARACTÈRE	FAIBLESSE AUTORISÉE
Discipliné, fiable, efficace	Inflexible
Dynamique, travaille bien sous pression	Impatient, provocateur
Consciencieux, ponctuel	Craintif, délègue peu
Sûr de lui, confiant	Peut paraître manipulateur
Coopératif, diplomate	Indécis
Communicatif, extraverti	Trop optimiste
Pense hors des sentiers battus	Distrait, perdu dans ses pensées
Neutre, stratégique, critique	Peu inspiré
Autosuffisant, engagé	Se perd dans des détails

LE MODÈLE DE L'OPTIMISATION DES RÉSULTATS

ACCUMULEZ LES SUCCÈS

Il existe un nombre incalculable de modèles et de méthodes consacrés au management des projets. La plupart d'entre eux reposent sur le fait qu'on dispose d'une durée de temps X pour réaliser un projet. Ce laps de temps est généralement consacré à trouver et rassembler des idées (R), à les consolider en concept (C), à décider, à choisir, à produire et implémenter (I).

Le modèle de l'optimisation des résultats découpe le temps à disposition en trois séquences de longueur égale (des boucles) et contraint ainsi les gestionnaires de projets à apporter trois fois un résultat fini. Dans chaque boucle, le résultat qui se base sur la boucle précédente est affiné et optimisé. Au-delà d'une qualité de rendement accrue, cette méthode permet également d'accumuler les succès : au lieu de se contenter d'un sentiment de satisfaction de type « enfin terminé » à la fin du projet, les participants au projet ont trois fois l'impression d'atteindre un objectif.

Attention, soyez impitoyable dans l'application de cette stratégie : il est important de séparer clairement les boucles les unes des autres et d'avoir terminé une étape avant de passer à la suivante, sinon le modèle perd sa dynamique.

Dans le cas de projets de développement, il est aussi nécessaire de bien séparer le « rassemblement des idées », la « consolidation des idées en concept » et l'« implémentation ».

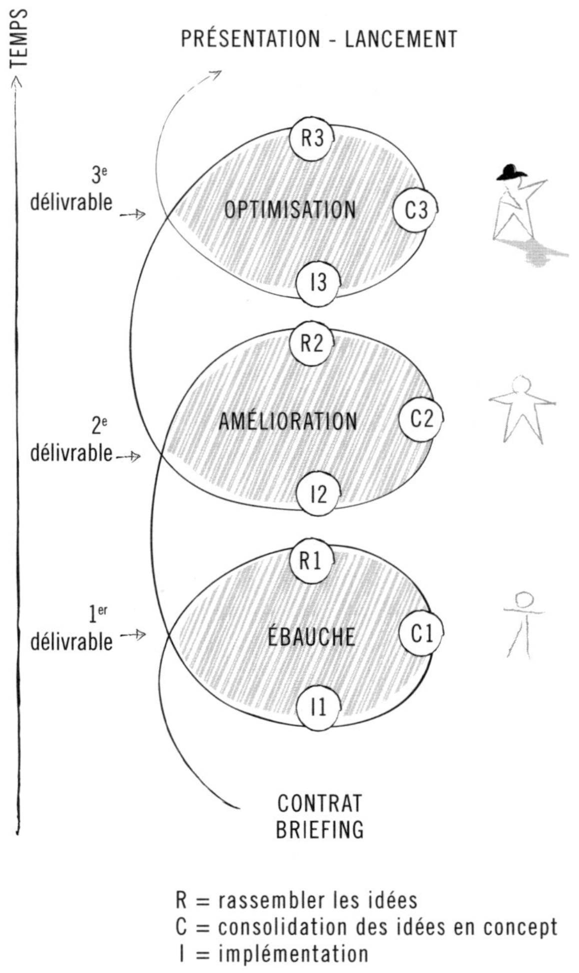

Afin d'obtenir des résultats optimaux, vous devriez planifier vos projets de telle sorte que vous ayez « terminé » trois fois. À la troisième fois, vous aurez vraiment terminé.

LE TRIANGLE DU MANAGEMENT DES PROJETS

POURQUOI LA PERFECTION N'EXISTE PAS

Trois critères définissent un service optimal : sa qualité, son prix ou sa rapidité. Le mot « ou » est essentiel car, en règle générale, deux attributs excluent le troisième :

- Un service rapide et de qualité est cher.
- Un service rapide et bon marché est de mauvaise qualité.
- Un service de qualité et bon marché est lent.

Si vous dirigez un projet – qu'il s'agisse d'un business-modèle, de votre prochain repas de famille ou d'un mémoire de master –, ces trois critères s'appliquent : l'objectif (nature et qualité de ce que je veux obtenir), la durée (combien de temps ai-je pour le faire ?) et moyens (de quels moyens est-ce que je dispose ?). Attention : la réalité se conforme rarement aux plans. Peut-être que vous disposerez de moins de temps pour réaliser votre projet – dans ce cas, il faudra multiplier les moyens. À moins que votre budget ne soit réduit – la qualité s'en trouvera altérée. Ou encore, les exigences de qualité seront plus élevées que prévu – il vous faudra donc investir plus de temps dans sa réalisation.

Rien n'est moins productif que de faire ce qui n'a aucun besoin d'être fait.

Peter F. Drucker

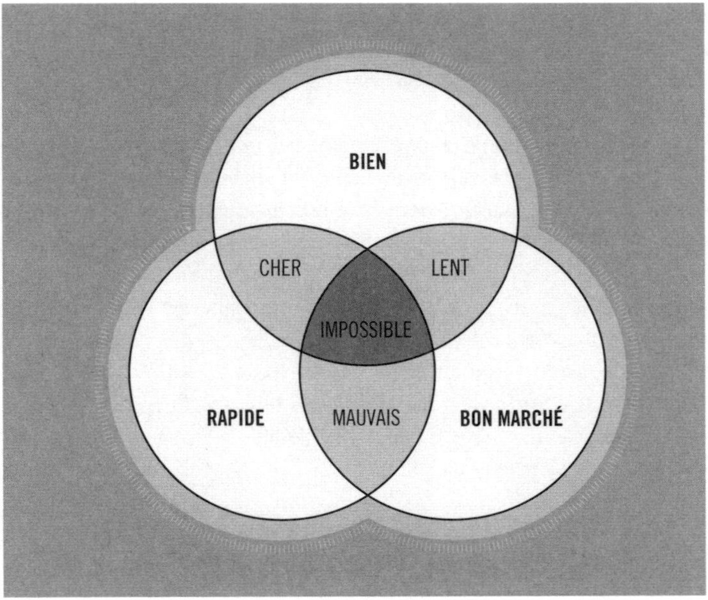

Bien, rapide, bon marché – deux critères, pas davantage !

LE MODÈLE DE LA PERFORMANCE DE L'ÉQUIPE

COMMENT TRANSFORMER UN GROUPE EN ÉQUIPE

Il existe des milliers de modèles expliquant comment diriger une équipe. Parmi les meilleurs se trouve celui des deux Américains Allan Drexler et David Sibbet, les fondateurs du cabinet de conseil Grove. Leur modèle définit sept phases différentes que traversent habituellement tous les participants d'un projet.

Suivez les flèches. Chaque étape est marquée d'une question fondamentale qu'il s'agit de se poser pendant cette phase (au début : Pourquoi suis-je là ? Au milieu : Comment allons-nous faire cela maintenant ? À la fin : Faut-il poursuivre ?) et de ce qu'on appelle des « *keys* », c'est-à-dire des symptômes indicateurs de l'accomplissement ou non d'une phase chez les participants. Ces symptômes décrivent d'une part les sentiments que nous ressentons typiquement pendant cette phase, augmentés de ceux que nous ressentons quand nous avons surmonté cette phase avec succès. Un grand nombre de phases paraissent évidentes, triviales. Attention : l'expérience nous a prouvé que chaque groupe traverse chaque phase. S'il saute une étape, il sera contraint d'y revenir plus tard.

Si vous dirigez une équipe, vous devriez commencer par lui présenter le modèle de l'équipe. Peu après le commencement du projet, vous demanderez régulièrement aux membres de cette équipe :

- Où (c'est-à-dire à quelle phase du projet) en êtes-vous ?
- Que vous manque-t-il pour aborder la prochaine phase du projet ?

Si vous n'êtes pas sûr de la phase dans laquelle se trouve votre équipe, notez quelques « *keys* » ou adjectifs correspondant à la phase en question (voir schéma suivant) et posez-lui la question : lesquels vous correspondent personnellement ? Lesquels s'appliquent à l'équipe entière ?

Ne craignez pas les sentiments négatifs des membres de l'équipe. Le conflit ouvert est bien moins grave que la mésentente larvée qui vous obligera à remettre en question pendant la dernière ligne droite des éléments que vous croyiez avoir acquis depuis longtemps.

Attention ! N'essayez pas à tout prix de faire coller votre équipe à ce modèle. Il sert tout au plus à vous donner une orientation. C'est un instrument de mesure, un compas, pas un stimulateur cardiaque.

Les groupes n'avancent que si l'un des membres ose faire le premier pas. En tant que leader, vous devez être prêt à être le premier à faire une erreur.

➥ Voir aussi « Le modèle des rôles » (p. 132).

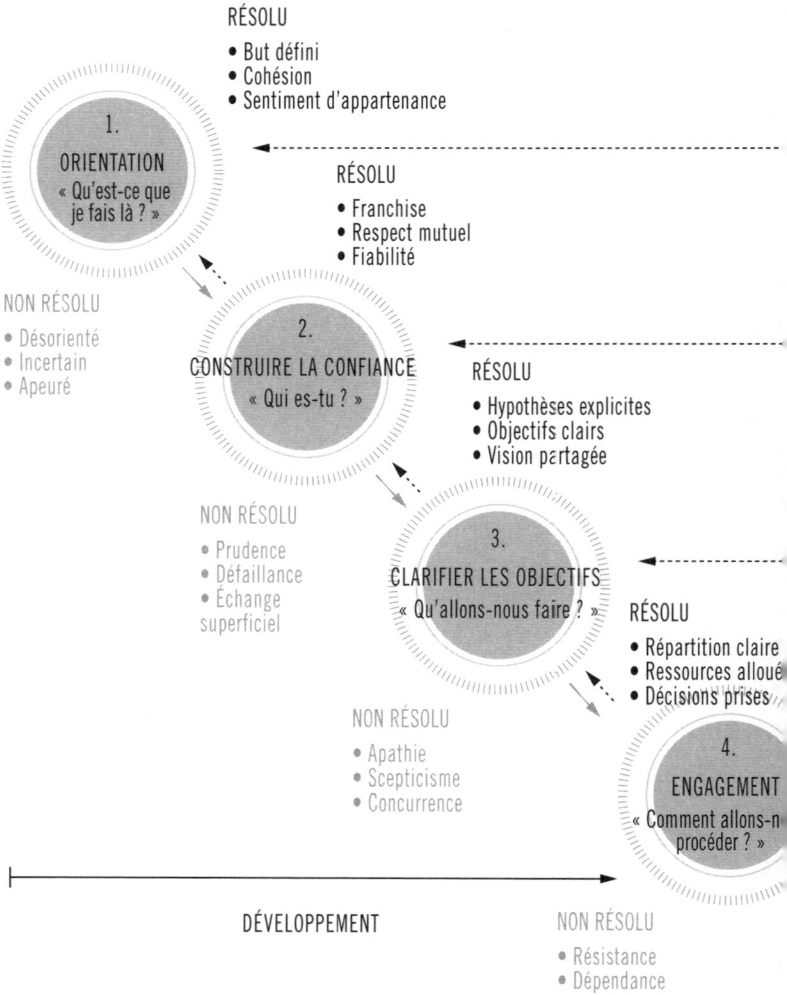

Le modèle de la performance de l'équipe montre les 7 phases que chaque équipe traverse lors d'un projet commun.

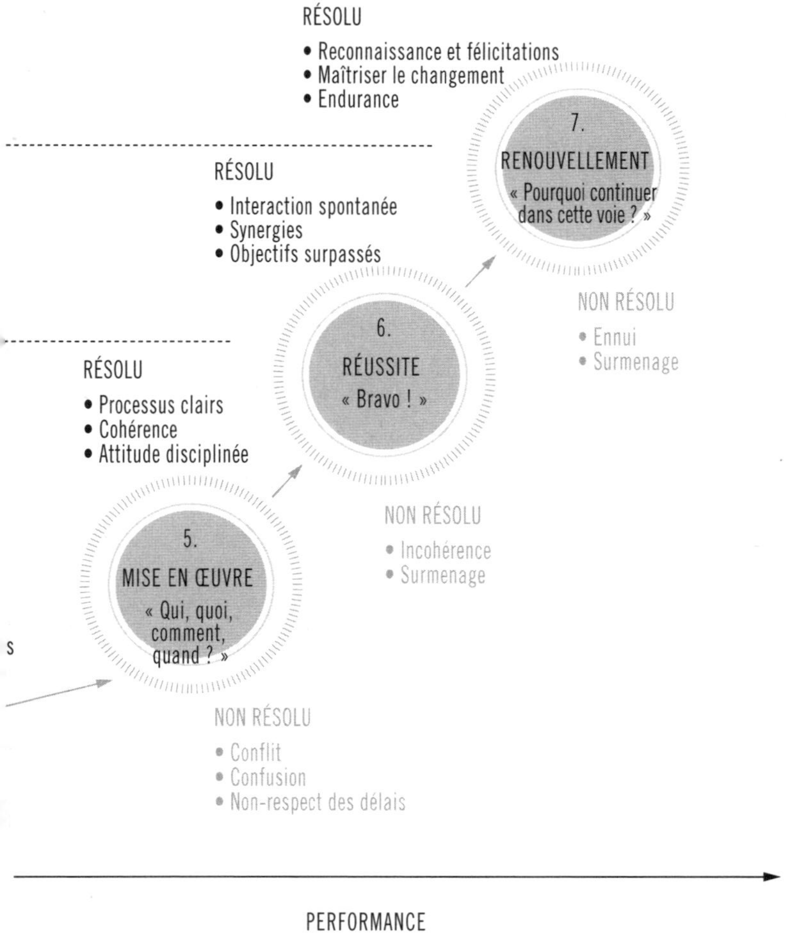
RÉSOLU
• Reconnaissance et félicitations
• Maîtriser le changement
• Endurance
7.
RENOUVELLEMENT
« Pourquoi continuer dans cette voie ? »
NON RÉSOLU
• Ennui
• Surmenage
RÉSOLU
• Interaction spontanée
• Synergies
• Objectifs surpassés
6.
RÉUSSITE
« Bravo ! »
NON RÉSOLU
• Incohérence
• Surmenage
RÉSOLU
• Processus clairs
• Cohérence
• Attitude disciplinée
5.
MISE EN ŒUVRE
« Qui, quoi, comment, quand ? »
s
NON RÉSOLU
• Conflit
• Confusion
• Non-respect des délais
PERFORMANCE

LE MODÈLE DE LA GESTION DES ATTENTES

VOUS CHERCHEZ L'ÂME SŒUR : SOYEZ PRUDENT !

Notre petit modèle illustre la question des attentes en prenant pour exemple la quête de l'âme sœur : si vous n'attendez rien de votre futur(e) conjoint/conjointe, vous êtes indifférent et l'indifférence mène rarement à des choix satisfaisants. Plus vos attentes sont élevées, plus vous serez heureux de trouver une personne qui corresponde à celles-ci. On peut donc dire que la satisfaction se mesure à la hauteur des attentes.

Il existe, cependant, un point de basculement : si vos attentes dépassent un point critique, votre déception est quasi programmée car ce que vous visez n'est pas accessible. L'expérience nous apprend que la perfection est comparable à Nessie, le monstre du Loch Ness : certaines personnes le cherchent toute leur vie – en attendant, personne ne l'a jamais vu.

En règle générale, il est préférable d'être exigeant. Si, au cours de votre quête, vous avez pourtant l'impression que vos ambitions ne sont jamais satisfaites, posez-vous la question suivante : qu'est-ce que je perdrais si je réduisais mes attentes ?

Le mieux est l'ennemi du bien.

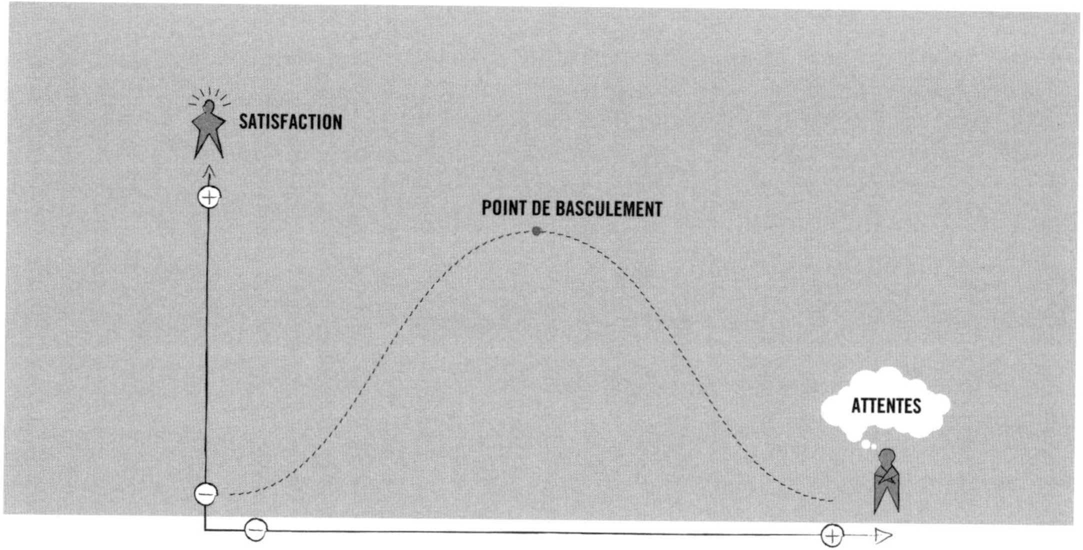

Notre satisfaction augmente parallèlement à nos attentes. Jusqu'à un point critique : les attentes trop élevées ne peuvent être satisfaites.

COMMENT NOUS DÉCIDERONS-NOUS À L'AVENIR ?

Par Karin Frick
Directrice de recherches, Institut Gottlieb Duttweiler

Il y a dix ans, ou presque, je rédigeais pour la première édition de cet ouvrage un essai sur les modèles du futur. Aujourd'hui, on me prie de revoir mon essai pour vérifier si mes pronostics étaient bons – ou s'ils étaient erronés (à ce propos, il convient de rappeler que nous vérifions bien trop rarement nos pronostics, *cf.* « L'analyse des retours », p. 22).

Le cœur de mon message, à l'époque, se résumait à dire que la corrélation était la nouvelle causalité. Les modèles (de décision) étaient désormais superflus. Les relations logiques et causales, pensais-je, perdaient en importance à mesure que les machines intelligentes puisaient leurs connaissances dans des données plutôt que des modèles. De nos jours, écrivais-je, chacun de nos gestes, chacun de nos achats, chacune de nos décisions, ou presque, laisse des traces électroniques qu'il est possible de collecter, d'étudier et d'utiliser.

Effectivement, l'« empreinte digitale numérique » fait aujourd'hui partie du quotidien. Celui qui, à l'image des analystes des données de Google, Facebook ou Netflix, s'y connaît en statistiques, comprend mieux le comportement et les besoins des utilisateurs que tous les psychologues spécialisés dans les liens sociaux ou la consommation et tous les experts de marketing, qui s'appuient sur des théories et des modèles sociologiques.

Les outils de management les plus puissants du futur ne reposent pas sur de brillantes analyses mais sur des assistants intelligents. Siri ou Amazon Echo ne tarderont pas à nous connaître mieux que nous-mêmes. L'intelligence artificielle de Google propose dès maintenant, sans y être invitée, des objectifs pour l'année à venir. Il est incontestable que les intelligences artificielles et les « smart assistants » sont en train de révolutionner notre comportement décisionnel et sont en passe de nous offrir une nouvelle manière d'appréhender, de comprendre et d'organiser le monde. Les prothèses cognitives et les compléments de mémoire vont modifier notre conception du réel de manière aussi radicale que le télescope a changé notre conception de la voûte céleste.

Concrètement, deux possibilités se présentent à nous :

1. Les intelligences artificielles vont considérer la réalité sous une multitude d'angles, et donc de manière plus autonome et plus objective que nous.

2. Dans leurs analyses, les intelligences artificielles vont prendre en considération une multitude d'informations en temps réel – contrairement aux humains, qui basent leurs recherches sur des expériences subjectives tirées du passé.

Au niveau du management, comment ces faits se reflètent-ils sur la prise de décision ?

Le schéma représenté p. 149 a été réalisé par l'expert en informatique Andrew McAfee. Lorsque, comme c'est le cas jusqu'à présent, les décisions reposent sur un volume de données restreint, c'est en règle générale l'opinion de la personne hiérarchiquement supérieure qui s'impose – souvent, c'est aussi la mieux rémunérée (McAfee appelle cela les « HiPPO » – *Highest Paid Person's Opinion*). La logique qui se cache derrière ce mécanisme est la suivante : le salaire important perçu par cette personne ne s'explique pas par la qualité de ses opinions, mais par le fait qu'elle porte la responsabilité des décisions.

Plus le volume d'informations traitées sera important, plus les décisions auront de chances d'être exactes et moins les HiPPO auront d'importance. Dans ce cas, les données serviront donc à bousculer la hiérarchie.

Alors tout va bien ? Est-ce un avenir radieux qui nous attend ?

À cette question, je vais fournir une réponse claire : peut-être que oui, peut-être que non.

Au lieu de travailler avec des modèles, les décideurs de demain travailleront avec des outils de pronostic basés sur l'intelligence artificielle. L'avantage : contrairement aux humains (*cf.* « La déformation cognitive », p. 76), ces outils sont exempts de déformation cognitive. L'inconvénient : nous ne comprenons pas ce que ces machines calculent, et encore moins sur quel système de valeurs elles se basent. Les algorithmes qui régissent le monde sont une boîte noire que les experts eux-mêmes ne maîtrisent plus. Nous allons donc placer notre confiance dans des systèmes que nous ne comprenons pas, et ces nouveaux outils vont générer leur propre réalité.

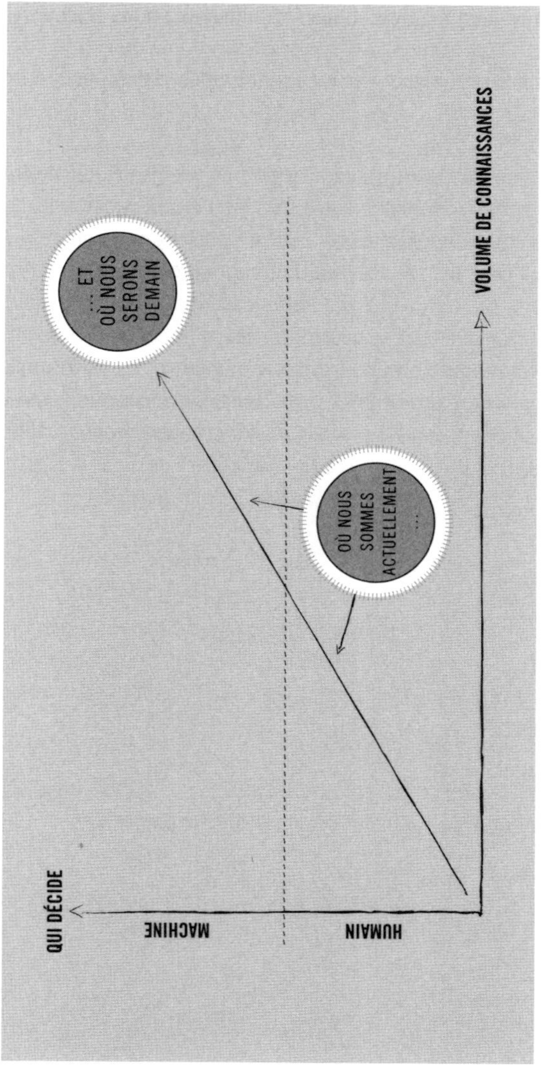
QUI DÉCIDE
MACHINE
HUMAIN
VOLUME DE CONNAISSANCES
OÙ NOUS SOMMES ACTUELLEMENT ...
... ET OÙ NOUS SERONS DEMAIN

« Nous avons développé la vitesse, mais intérieurement, nous sommes restés immobiles. Nous laissons les machines travailler pour nous, penser pour nous. Notre connaissance nous a rendus cyniques, notre intelligence durs et insensibles. La tolérance et la bonté, pourtant, sont plus importantes que l'intelligence et le savoir. Sans humanité, sans amour du prochain, l'existence n'a pas de sens. » Cette phrase, exprimée il y a près de quatre-vingts ans, est celle de Charlie Chaplin dans *Le Dictateur*. Son constat, d'une actualité effrayante, est le suivant : nous devons saluer le progrès et le développement, mais nous devons en faire un usage prudent.

Les questions qui se posent ne sont pas seulement philosophiques et morales, mais également pratiques. Nous sommes en plein paradoxe de l'abondance : un grand volume d'informations crée une grande exactitude mais aussi une grande confusion, parce que le volume, la vitesse et la variété de ces informations permettent de reconnaître une infinité de motifs et de corrélations – sans que ces derniers n'aient de signification particulière.

Il y a dix ans, j'en étais venue à la conclusion que les modèles que vous avez découverts dans cet ouvrage ne devaient pas être sous-estimés, car bien que datés et analogiques, ils nous aident à instaurer un ordre, à poser des priorités, à penser en systèmes de valeurs et donc à être opérationnels dans un monde complexe – tâches que nous ne voudrions pas déléguer à des machines.

Aujourd'hui, à l'ère des machines pensantes et des OAD (organisation autonome décentralisée), j'en suis plus convaincue que jamais.

À VOUS DE JOUER !

PETIT COURS DE DESSIN

POURQUOI VOUS DEVRIEZ DESSINER PENDANT QUE VOUS PARLEZ

1. **Dessinez tout en parlant :** tracés en temps réel, les schémas imprécis ou récalcitrants seront tout de même compris par l'observateur – qui les abordera avec indulgence.
2. **Une image en dit davantage que mille mots :** un iceberg (représentant un problème croissant), un temple (pour représenter les colonnes porteuses), un pont (pour figurer des liens).
3. **Créez des liens :** en dessinant des modèles simples, vous structurez vos pensées de manière compréhensible et vous les mettez en relation les unes avec les autres. Vous trouverez dans les pages suivantes une liste de modèles faciles à dessiner.
4. **Connus, mais différents :** tout le monde comprend les panneaux de signalisation. Il en est de même pour les touches « play » et « pause » de votre télécommande. Mieux encore : surprenez votre auditoire en transformant des symboles classiques tels que « euro » et « temps » en pictogrammes.
5. **Les croquis sont essentiels :** en dessinant pendant que vous parlez, l'attention est redirigée depuis votre personne vers le sujet que vous traitez. Vous ne vous trouvez plus devant un jury, vous vous entretenez avec des jurés sur un sujet autre.
6. **Imparfait, mais fort :** ne rectifiez jamais un trait un peu tortueux, cela prêterait à confusion. La même règle vaut pour les cercles ratés qui ressemblent à des œufs. Lors de la présentation, il s'agit d'abstraction, et non d'esthétique.
7. **Jouez au *Pictionary* :** c'est en s'exerçant qu'on devient maître.

USA
EU
AFR
A3
A1
A2
TNT

COMMENT DESSINER DE MANIÈRE SCHÉMATIQUE

1. Le triangle

Qu'est-ce qui lie A, B et C – et pourquoi ?

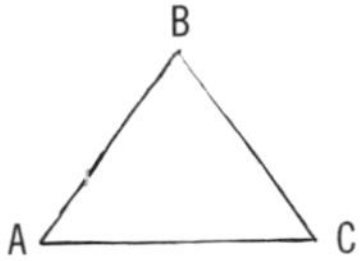

2. Le camembert (« *pie chart* »)

Combien de A et de B contient C ?

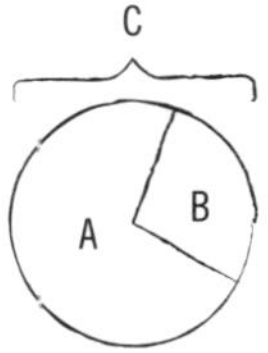

3. Le diagramme circulaire

Après le A vient le B, puis le C, puis on revient au A.

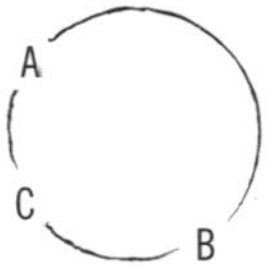

4. La chaîne de cause à effet

C est le résultat de B et B est le résultat de A.

5. L'organigramme ou arbre généalogique

Organigramme : s'il y a A, il y aura B ou C.

Arbre généalogique : B résulte de A et C résulte de A.

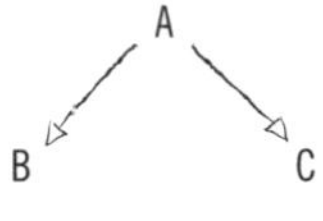

6. La « *mindmap* » (schéma mental)

Je pars de A pour penser B et C. Je pars de B pour penser B1, B2 et B3.

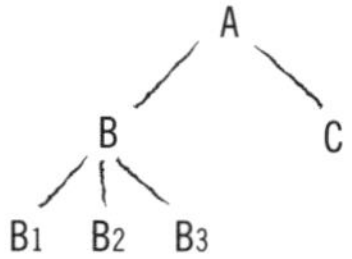

7. Les cercles concentriques

A fait partie de B qui fait partie de C.

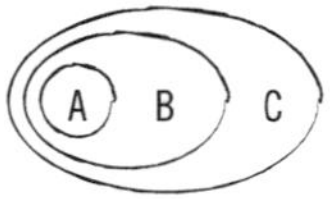

8. Le diagramme logique (diagramme de Venn)

Les points communs entre A et B, entre B et C, entre C et A, et entre A, B et C.

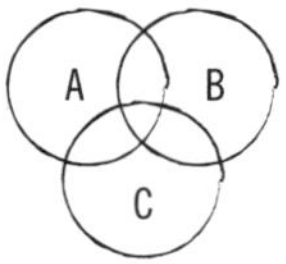

9. L'analyse des champs de forces

A repousse B. C attire B.

10. Le graphique linéaire

La ligne horizontale indique le temps (t), la ligne verticale indique la valeur A. B et C indiquent des progressions (courbe en cloche, graphique en crosse de hockey, etc.).

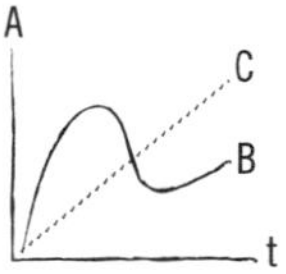

11. Le modèle de l'axe bidimensionnel (« coordonnées cartésiennes »)

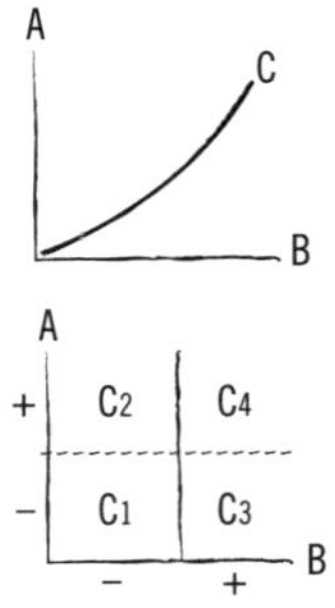

L'axe A et l'axe B sont différents paramètres. La courbe C montre un lien possible entre ces paramètres. Alternative : la matrice à quatre champs – au lieu des courbes, on indique des positions.

12. Le modèle Pol

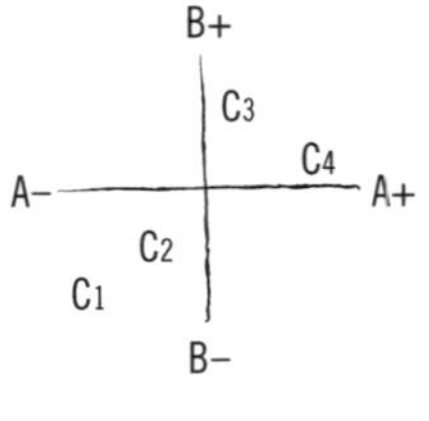

Les extrémités des paramètres sont diamétralement opposées : noir-blanc ou gauche-droite. On peut y placer diverses positions.

13. Le diagramme de Kiviat ou diagramme en radar

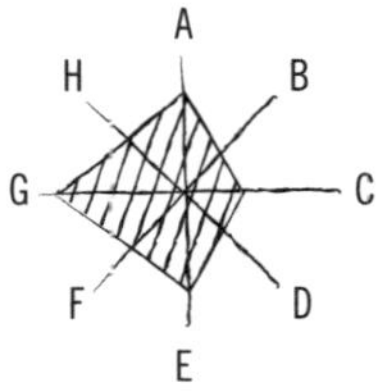

Plusieurs paramètres, ainsi que leur modalité. L'ensemble crée une forme caractéristique. Pratique pour des comparaisons.

14. Le tableau

	A	B
C	AC	BC
D	AD	BD

Pour des listes et des combinaisons de A, B, C et D.

15. L'entonnoir

A et B et C donnent… ?

16. Le pont

Comment va-t-on de A à C, si B est un obstacle ?

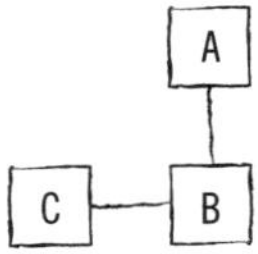

17. La pyramide

Qui donne des instructions à C ? Ou : comment A justifie-t-il/elle sa position ?

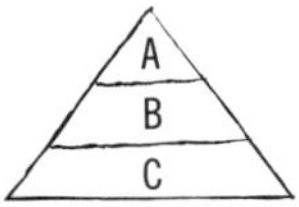

18. L'arbre

B et C naissent de A.

MES MODÈLES

EN GUISE DE CONCLUSION

Ce livre est en perpétuel changement. Si vous découvrez une erreur, si vous connaissez d'autres modèles plus adaptés, si vous avez des suggestions permettant de développer des modèles ou si vous voulez tout simplement faire un commentaire : écrivez-nous.

Vous trouverez nos coordonnées sur www.rtmk.ch.

Si vous souhaitez savoir quel type de décideur vous êtes, participez à notre test en ligne :

www.entscheidungstest.ch

REMERCIEMENTS

Cet ouvrage n'a pu voir le jour que grâce à l'aide généreuse des personnes et des institutions suivantes :

Ammon de Multiple Goal Design (pour la boîte morphologique) ; Chris Anderson de *Wired* (pour les modèles du SuperMemo, de la longue traîne et de la connaissance superficielle) ; Mark Buchanan (pour le modèle des signaux subtils) ; Andreas « Becks » Dietrich (pour l'entraînement intelligent) ; Uffe Elbæk (pour sa capacité à tout dessiner tout autant que pour le modèle Uffe Elbæk) ; Matt Fischer de l'Apple Music Store (pour l'inspiration) ; Karin Frick de GDI (pour nous avoir permis de jeter un œil sur l'avenir) ; Dag Groedal de Nordea (pour ses judicieux conseils) ; Peter Haag (parce qu'il nous a crus/qu'il a cru en nous) ; Cedric Hiltbrand (pour ses corrections) ; la Kaospilot University (pour la meilleure formation que l'on puisse imaginer) ; Mark Kaufmann (pour son irrévérence positive) ; Benno Maggi (pour les modèles de l'arbre généalogique, de la niche et du gruyère tout comme pour son avis constructif) ; Christian Nill (pour son avis) ; Courtney Page-Ferrell chez Play (pour le conseil « Don't take yourself too seriously ») ; Sven Opitz de l'université de Bâle (pour la double boucle) ; Sara Schindler et Laura Clemens (pour la relecture critique) ; Pierre-André Schmid de l'université de Berne (pour son intérêt constant et les nombreux ouvrages) ; Michael Schuler, chef de Musik DRS 3 (pour avoir rempli le modèle de la musique) ; Ute Tellmann de l'université de Bâle (pour sa critique des modèles) ; Daniel Weber de NZZ Folio (pour ses précieux conseils).

ANNEXES

BIBLIOGRAPHIE

ARGYRIS Chris, SCHÖN Donald, *Apprentissage organisationnel*, De Boeck Université, 2001.

BECK-BORNHOLDT Hans-Peter, DUBBEN Hans-Hermann, *Der Hund, der Eier legt – Erkennen von Fehlinformationen durch Querdenken*, Rowohlt, 1997.

BENESCH Hellmuth, *Atlas de la psychologie*, Le Livre de Poche, 1995.

BOURDIEU Pierre, *La distinction. Critique sociale du jugement*, Éditions de Minuit, 1979. (Le modèle de Bourdieu)

CSÍKSZENTMIHÁLYI Mihály, *La créativité : psychologie de la découverte et de l'invention*, Claude-Christine Farny (trad.), Robert Laffont, 2006. (L'état de flow)

DIJKSTERHUS A., VAN OLDEN Z., « On the Benefits of Thinking Unconsciously: Inconscious Thought Can Increase Post-Choice Satisfaction », *Journal of Experimental Social Psychology*, 2006. (La théorie de la pensée inconsciente)

DOUGLAS K., JONES D., « Top 10 Ways to Make Better Decisions », *New Scientist*, 2007. (Le modèle de la décision d'achat)

DRUCKER Peter F., *Devenez manager !*, Éditions Pearson Village Mondial, 2006. (L'analyse des retours)

ELBÆK Uffe, *Kaospilot A-Z*, KaosCommunication, 2003. (Le modèle Uffe-Elbæk)

GLADWELL Malcolm, *Le point de bascule*, Éditions Transcontinental, 2006. (Le modèle de la diffusion)

HERSEY P., BLANCHARD K., JOHNSON D., *Management of Organizational Behavior: Leading Human Resources*, Pearson Éducation, 2008.

IYENGAR S., LEPPER M., « When Choice Is Demotivating: Can One Desire too much of a Good Thing? », *Journal of Personality and Social Psychology*, vol. 79, 2000. (Le paradoxe de la confiture)

KOCH Richard, *Le principe 80/20*, Éditions de l'Homme, 2007.

KREINER Kristian, CHRISTENSEN Søren, *Projektledelse i oest koblede systemer*, Jurist- og Økonomiforbundets Forlag, 2002. (Le modèle des conséquences)

MANKIW Gregory N., *Macroéconomie*, De Boeck, 2010.

MÉRÖ Làslò, *Les aléas de la raison, de la théorie des jeux à la psychologie*, Seuil, 2000. (Le dilemme du prisonnier)

MOELLER Toke, NISSÉN Monica, www.interchange.dk. (Sortir des sentiers battus)

MORRIS Errol, *The Unknown Known*, 2013. (Rumsfeld)

REASON James, « Human Error: Models and Management », *British Medical Journal*, 18 mars 2000. (Le modèle du gruyère)

SCHWARTZ B., *The Paradox of Choice: Why More Is Less*, Harper Perennial, 2006. (Le modèle de la gestion des attentes)

SOMMIER Éric, *Mode, le monde en mouvement*, Village Mondial, 2000.

STROEBE Wolfgang, HEWSTONE Miles, STEPHENSON Geoffrey M., *Introduction to Social Psychology: A European Perspective*, Blackwell, 1996.

SULL Donald, EISENHARDT Kathleen, *Simple Rules: How to Thrive in a Complex World*, John Murray, 2015. (La règle du stop et la règle du oui-non)

TALEB Nassim Nicholas, *Le cygne noir*, Les Belles Lettres, 2008.

TAVRIS Carol, ARONSON Elliot, *Mistakes Were Made (But Not by Me)*, Harcourt, 2007. (La dissonance cognitive)

VESTER Frederic, *Penser, apprendre, oublier*, Delachaux et Niestlé, 1984.

WEIS Christian, *Marketing, Kompendium der praktischen Betriebswirtschaft*, Broschur, 2007.

WHITMORE John, *Le guide du coaching*, Maxima Laurent du Mesnil éditeur, 2007. (Le modèle de Whitmore)

https://appreciativeinquiry.case.edu (intelligence artificielle)

http://fiddlerontheproject.wdfiles.com/local-files/start/thebalancingact.pdf (le triangle du management de projets)

www.12manage.com/methods_bcgmatrix.html (la boîte BCG)

www.belbin.com (le modèle des rôles)

www.grove.com (Drexler/Sibbet)

www.sinus-sociovision.de (les Sinus-Milieus)

www.ted.com/talks/ruth_chang_how_to_make_hard_choices (les choix difficiles)

www.zwicky-stiftung.ch (la boîte morphologique)

LES AUTEURS

Mikael Krogerus, né à Stockholm, est de nationalité finlandaise et diplômé de la Kaospilot School, au Danemark. Après ses études, il a travaillé pour l'émission télévisée jeunesse *Chat the Planet*, à New York. En 2005, il devient rédacteur à *NZZ Folio*, le magazine de la *Neue Zürcher Zeitung*. Depuis 2015, il est rédacteur pour *Das Magazin*.

Roman Tschäppeler, né à Berne, a obtenu en 2003 son diplôme de la Kaospilot School, au Danemark, avant de valider un master à l'Académie des beaux-arts de Zurich. Dans son atelier de communication de Guzo, il conçoit, entre autres, des films, des projets culturels et des campagnes. www.guzo.ch

Philip Earnhart est directeur artistique, artiste et designer. En 1989, il obtient son diplôme à l'Art Institute of Seattle. Il travaille ensuite pour des agences de publicité aux États-Unis et en Europe. Aujourd'hui, il dirige son propre bureau : earnhart. www.earnhart.com

Autres publications des auteurs :
Testez-vous pour mieux vous connaître
Le livre des bonnes questions
Le livre des grands changements
Die Welt erklärt in drei Strichen

Édition entièrement révisée

Achevé d'imprimer
sur les presses d'Unigraf
Imprimé en Espagne
Dépôt légal : août 2018

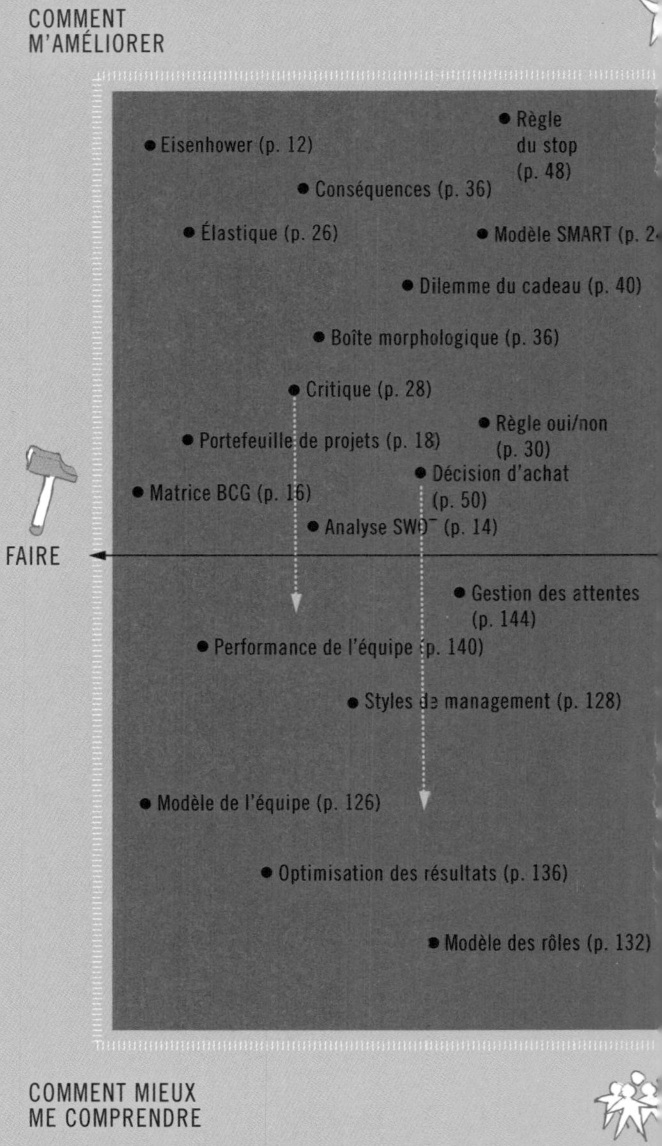
COMMENT M'AMÉLIORER
Eisenhower (p. 12)
Règle du stop (p. 48)
Conséquences (p. 36)
Élastique (p. 26)
Modèle SMART (p. 2
Dilemme du cadeau (p. 40)
Boîte morphologique (p. 36)
Critique (p. 28)
Règle oui/non (p. 30)
Portefeuille de projets (p. 18)
Décision d'achat (p. 50)
Matrice BCG (p. 16)
Analyse SWOT (p. 14)
FAIRE
Gestion des attentes (p. 144)
Performance de l'équipe (p. 140)
Styles de management (p. 128)
Modèle de l'équipe (p. 126)
Optimisation des résultats (p. 136)
Modèle des rôles (p. 132)
COMMENT MIEUX ME COMPRENDRE